ENTOMOLOGIE APPLIQUÉE.

INSECTES NUISIBLES.

Extrait du Bulletin de la Société des Sciences historiques et naturelles de l'Yonne,
2me série, t. III, 1er trimestre 1869).

AUXERRE, IMPRIMERIE DE G. PERRIQUET.

LES INSECTES NUISIBLES AUX ARBUSTES ET AUX PLANTES DE PARTERRE

PAR

CH. GOUREAU,

Colonel du Génie en retraite, Officier de la Légion d'Honneur,

Membre de la Société entomologique de France et de la Société des Sciences historiques et naturelles de l'Yonne.

PARIS

VICTOR MASSON ET FILS

PLACE DE L'ÉCOLE DE MÉDECINE.

M DCCC LXIX.

PRÉFACE.

Les personnes qui aiment les fleurs et qui les cultivent dans leurs jardins, qui y plantent des arbustes d'ornement pour embellir leurs demeures, seront peut-être bien aises de connaître les insectes nuisibles aux végétaux qu'elles aiment et de savoir à quelles causes elles doivent attribuer les dégâts qu'elles ont souvent l'occasion d'observer autour d'elles. C'est pour les satisfaire, autant qu'il m'est possible, que j'ai rédigé cet opuscule, qui est un fragment de l'Entomologie appliquée. Cette science, très vaste, n'a pas encore été publiée dans son ensemble, mais le *Bulletin de la Société des Sciences de l'Yonne* en contient déjà plusieurs parties, et celle que je lui offre aujourd'hui est la dernière traitant des Insectes nuisibles.

Ces petits animaux font un tort plus ou moins considérable aux plantes et aux arbustes d'ornement, en dévorant les feuilles, les boutons à fleurs et les fleurs épanouies, et aussi en s'introduisant dans les tiges et les rameaux, qu'ils minent, dont ils rongent la moëlle et qu'ils font périr.

Le nombre de ces petits ennemis n'est pas très considérable, par la raison que les arbustes et les plantes exotiques introduites dans nos parterres sont rarement attaqués par nos insectes, et que les végétaux indigènes sont en petit nombre dans nos jardins d'agrément. Le rosier, considéré dans ses innombrables variétés, est celui de tous nos arbustes qui a le plus d'insectes à nourrir et qui a quelquefois beaucoup à souffrir de leurs atteintes. Le chèvrefeuille et le lilas sont fréquemment endommagés, mais ils n'hébergent pas une aussi grande quantité de ces petits insectes nuisibles. Parmi les plantes on peut citer la julienne, le lys et les mauves comme très sujettes aux dégâts produits par les insectes.

Il existe un grand nombre d'espèces nuisibles aux plantes d'ornement, dont il n'est pas fait mention dans cet opuscule, qui ne prend en considération que les végétaux indigènes. Les personnes qui voudront connaître ceux qui attaquent les plantes exotiques, soit de pleine terre, soit de serre chaude ou tempérée, pourront consulter l'*Essai d'Entomologie horticole* de M. le docteur Boisduval. Cet important ouvrage, publié en 1867, leur fournira tous les renseignements qu'elles peuvent désirer. M. le docteur Boisduval est un des naturalistes français les plus éminents, également versé dans la connaissance des insectes et des plantes. Sa position de vice-président de la Société impériale et centrale d'Horticulture de France le met en relation avec tous les jardiniers membres de cette société, dont il peut visiter les cultures et les serres, dès qu'il est averti que les insectes y commettent des dégâts. Son nom européen le met en relation familière avec les entomologistes les plus célèbres de l'Allemagne et de l'Angleterre; il est entouré de tous les ouvrages d'Entomologie anciens et nouveaux. Dans une telle situation il a dû produire un ouvrage aussi complet et aussi parfait que comporte le sujet qu'il a traité.

Dans le but de perfectionner mon ouvrage et d'y mentionner tous les insectes nuisibles aux arbustes et aux plantes d'ornement que l'on voit communément dans nos parterres de campagne, je lui ai emprunté plusieurs articles sur des insectes que je n'ai pas eu l'occasion d'observer moi-même dans mon petit jardin de Santigny.

Quoique cet ouvrage soit beaucoup moins volumineux que l'*Essai d'Entomologie horticole,* il renferme cependant l'histoire de plusieurs insectes nuisibles dont M. Boisduval n'a pas eu connaissance; il fait en outre mention de tous les parasites que j'ai observés ; mais ceux d'un assez grand nombre d'espèces sont encore à découvrir; il est rédigé sur le même plan que les divers traités sur les *Insectes nuisibles* publiés précédemment dans le Bulletin de la Société de l'Yonne, et l'histoire de chaque espèce est exposée avec tous les détails qui j'ai pu me procurer par l'observation directe, ou, à défaut de mes propres observations, par le témoignage d'auteurs savants et consciencieux. La description des espèces est exacte et assez étendue pour qu'on ne puisse pas les confondre avec d'autres. Lorsqu'une espèce est nuisible non seulement aux végétaux d'ornement, mais encore aux arbres fruitiers, aux forêts, aux plantes potagères, etc., son histoire est rapportée succinctement, quoiqu'elle se trouve dans les traités des insectes nuisibles à ces divers végétaux, afin que le lecteur ne soit pas obligé d'avoir recours à ces ouvrages; il m'a semblé qu'il y avait ici moins d'inconvénient à pécher par excès que par omission.

CH. GOUREAU.

Santigny, mai 1868.

ENTOMOLOGIE APPLIQUÉE.

INSECTES NUISIBLES.

Insectes nuisibles aux Arbustes et aux plantes de Parterre.

1. — **Le Hanneton.**

(MELOLONTHA VULGARIS, Fab.)

Le Hanneton est connu de tout le monde, et sa larve, désignée par les noms de *Ver-blanc*, *Taon*, *Turc*, *Mans*, l'est de toutes les personnes qui ont cultivé ou vu cultiver la terre. Cet insecte, à son état parfait, porte préjudice aux rosiers en dévorant les feuilles, les jeunes bourgeons et les boutons à fleurs, au mois de mai des années où il se montre. Sous l'état de larve il ronge les racines et fait périr les semis et les jeunes sujets. Ces larves se tiennent dans la terre, d'où elles ne sortent jamais volontairement. Elles y creusent des galeries pour chercher les racines tendres dont elles se nourrissent. Elles croissent lentement, puisqu'elles emploient trois années à acquérir leur taille, qui atteint 45 millim. de longueur et presque la grosseur du petit doigt. A la fin de la troisième année elles s'enfoncent profondément dans le sol et se creusent une cellule dans laquelle elles restent immobiles sans prendre de nourriture, et dans laquelle elles se changent en chrysalides, puis ensuite en insectes parfaits, qui sortent de terre au commencement du mois de mai et même plus tôt, pour se répandre sur les feuilles et les bourgeons dont ils font leur nourriture. Les larves vivent isolément à partir de leur deuxième année, et chacune d'elles cherche sa nourriture à part.

Cet insecte est classé dans l'ordre des Coléoptères, la famille des Lamellicornes, la tribu des Scarabéides, la sous-tribu des

Phyllophages, et dans le genre *Melolontha*. Son nom entomologique est *Melolontha vulgaris*, et son nom vulgaire *Hanneton*.

1. *Melolontha vulgaris*, Fab. — Longueur, 27 millimètres. Il est noir et velu ; les antennes, le bord antérieur du chaperon, les élytres et la majeure partie des pattes sont d'un bai rougeâtre ; le corselet, un peu dilaté et marqué d'une impression vers le milieu de ses bords latéraux, est tantôt noir, tantôt rouge ; on distingue quatre lignes élevées sur les élytres, dont le bord extérieur est de la couleur du fond, et des taches triangulaires blanches sur les côtés de l'abdomen ; le stylet anal est insensiblement rétréci en pointe ; les antennes sont formées de dix articles, dont les sept derniers sont prolongés en lamelles formant une massue allongée chez le mâle, et les six derniers une massue plus courte chez la femelle.

La femelle creuse dans la terre un trou au fond duquel elle dépose ses œufs. Les jeunes larves qui en sortent ne se séparent pas pendant le reste de leur première année, et cherchent leur nourriture en commun.

On ne connaît pas d'autre moyen préservatif contre cet insecte, que celui de lui faire la chasse sur les rosiers et sur les autres arbres du jardin. On le prend facilement et on l'écrase. Lorsqu'au printemps ou en été on laboure les carrés ou les plates-bandes pour les ensemencer, et qu'on pioche au pied des arbres pour les cultiver, on doit tuer tous les vers blancs que l'on rencontre. Les volailles mangent volontiers les Hannetons et les larves qu'on leur présente.

—

2. — Le petit Hanneton à corselet vert.

(ANISOPLIA HORTICOLA, Lat.)

On voit assez souvent le petit Hanneton à corselet vert sur les rosiers pendant les mois de mai et de juin. Il en ronge les feuilles et les fleurs et y produit beaucoup de désordre lorqu'il s'y porte en troupe nombreuse. Sa larve se tient dans la terre comme celle du Hanneton commun, à laquelle elle ressemble, sauf qu'elle est beaucoup plus petite. Elle se nourrit de la racine des plantes et met trois ans à prendre toute sa croissance. Elle se change en chrysalide à la fin de la troisième année, et l'insecte parfait sort de terre au printemps de la quatrième.

Il se range dans la même famille et la même tribu que le Hanneton commun, mais il entre dans le genre *Anisoplia*. Son nom entomologique est *Anisoplia horticola*, et son nom vulgaire *Petit Hanneton à corselet vert*.

2. *Anisoplia horticola*, Lat. — Longueur, 10 millimètres ; largeur, 5 millimètres. Les antennes sont courtes, ferrugineuses, composées de neuf articles, dont les trois derniers forment une massue ovale, lamellée et noire ; le chaperon est arrondi ; la tête et le corselet sont d'un vert-bleuâtre, luisants, pointillés et pubescents ; l'écusson est glabre, d'un vert-luisant ; les élytres sont testacées, sans taches, avec des stries peu marquées, formées de points enfoncés ; le dessous du corps et les pattes sont d'un noir-bronzé ; les tarses sont longs ; les crochets des antérieurs et des intermédiaires sont inégaux ; l'un est petit, entier ; l'autre plus grand et bifide (chacune de ces divisions est bifide chez le mâle) ; les crochets des postérieurs sont un peu inégaux et entiers.

On ne connaît pas d'autre moyen de se débarrasser de cet insecte que de lui faire la chasse, de le saisir sur les rosiers et sur les autres arbustes, sur les arbres fruitiers, partout où l'on pourra l'atteindre, et de l'écraser. On ne devra pas épargner sa larve lorsqu'on la déterrera en cultivant le jardin.

Des observations récentes semblent constater que les larves des hannetons ne s'enfoncent pas dans la terre pendant l'hiver pour échapper à la gelée, mais qu'elles restent près de la surface au milieu des racines qu'elles rongent ; ce n'est qu'à leur troisième année qu'elles s'enfoncent en terre pour se changer en chrysalide dans une cellule qu'elles pratiquent à l'extrémité de leur galerie.

Le grand désir que l'on a de détruire les hannetons a fait essayer de les employer comme aliment. En 1867, plusieurs personnes en ont mangé après les avoir fait frire ou les avoir fait cuire, avec un assaisonnement convenable, entre deux feuilles de papier beurrées ; elles ont trouvé que cet aliment, sans être délicat, était mangeable et ne portait aucun préjudice à la santé.

—

3. — Le Hanneton écailleux

(Hoplia squamosa, Lat.)

On rencontre communément sur les fleurs de l'églantier, dans les haies et dans les bois, et souvent dans les jardins sur les roses, une autre espèce de Hanneton, qui semble se plaire au milieu des étamines et des pétales et y chercher sa nourriture. Je ne me suis pas aperçu qu'il produisît un notable désordre dans les parterres plantés de rosiers, peut-être parce qu'il s'y trouvait en petit nombre; mais comme il fait partie de la tribu des Phyllophages ou mangeurs de feuilles on fera bien de s'en défier, et, malgré sa beauté, de l'écraser lorsqu'on le verra sur une rose ou sur une autre partie de l'arbuste. Il est très facile à prendre et ne cherche pas à fuir la main qui le saisit.

Je ne connais pas la larve qui le produit. Il est très vraisemblable qu'elle ressemble à celle des autres Hannetons qui ont été observées ; qu'elle vit dans la terre pendant trois ans, se nourrissant des racines des plantes et des arbres et qu'elle se transforme en insecte parfait à la fin du printemps de la quatrième année de son âge. C'est alors qu'il sort de terre pour se répandre sur les fleurs, particulièrement sur les roses. Il est classé dans la même famille et la même tribu que les précédents, mais dans le genre *Hoplia*. Son nom entomologique est *Hoplia squamosa*, Lat., et son nom vulgaire *Hanneton écailleux*.

3. *Hoplia squamosa*, Lat. — Longueur, 8 millimètres; largeur, 4 millimètres. Ses antennes sont testacées, composées de neuf ar-

ticles, dont les trois derniers forment une massue ovale, lamellée; les palpes sont de la même couleur que les antennes ; le chaperon est un peu arrondi et rebordé ; tout le dessus du corps est recouvert de petites écailles serrées d'un jaune-verdâtre et quelquefois fauves, point luisantes ; les élytres n'ont point de stries, on y aperçoit seulement une petite bosse vers l'extrémité de chacune ; le dessous du corps est couvert d'écailles d'un vert argenté très brillant ; les jambes antérieures n'ont que deux dents latérales ; les tarses sont grands, le dernier article des antérieurs et des intermédiaires est armé de deux crochets, l'un très grand, bifide, l'autre très petit ; les postérieurs n'ont qu'un seul crochet très grand et simple.

On peut employer contre cet insecte les moyens de destruction indiqués aux articles précédents.

—

4 à 6. — **Les Cétoines dorée, velue, stictique.**

(Cetonia aurata, Fab. ; — hirta, Fab. ; — stictica, Fab.)

Pendant le mois de juin et durant le temps de la floraison des roses on remarque fréquemment des insectes Coléoptères, posés sur ces fleurs, s'y tenant immobiles, ayant leur tête enfoncée dans le centre et paraissant occupés à ronger ou à sucer la base des pétales ou celle des étamines, s'il y en a, ou le fond du réceptacle. Ils ne causent pas un dommage notable à ces fleurs, et l'on ne voit pas, après leur départ, qu'ils aient entamé ces parties et qu'elles aient souffert de leur présence. Quoiqu'ils ne soient pas des ennemis dangereux, il est bon de les connaître, et c'est ce qui m'engage à en dire un mot.

4. *Cétoine dorée.* Le premier dont il sera question est la Cétoine dorée, insecte d'une assez forte taille, remarquable par son éclat métallique d'un vert-doré, par ses élytres en carré un peu plus long que large, et par une petite pièce située de chaque côté entre

le corselet et les élytres. La larve de cet insecte ressemble à ces gros vers blancs que l'on trouve dans la terre et qu'on appelle *Taons*, *Mans*, lesquels se transforment en hannetons. Elle vit dans la terre grasse et humide, dans le terreau, dans les terres argileuses, dans celles qui se trouvent dans le voisinage d'une rivière, mais elle choisit de préférence le terreau situé au-dessous des fourmillières. Elle se nourrit de terre, de terreau, de débris de végétaux. Elle met trois ans à prendre tout son accroissement, et chaque année, à l'approche de l'hiver, elle s'enfonce en terre pour se soustraire à la gelée et au grand froid. A la fin de la troisième année elle construit une coque ovale avec des grains de sable, de terre délayée, de débris de végétaux, grossière à l'extérieur, mais lisse et unie en dedans, d'une assez grande solidité, quoique mince. Elle s'y transforme en chrysalide dès les premiers jours du printemps de la quatrième année et en insecte parfait à la fin de mai ou au commencement de juin.

La larve, parvenue à toute sa taille, a 15 à 20 millimètres de longueur. Son corps est d'un blanc sale, composé de douze segments, couvert de poils roux ; ils sont plissés sur le dos, ce qui les rend difficiles à compter. On y voit neuf stigmates de chaque côté et au-dessous des stigmates un bourrelet un peu ridé. La tête est petite, plus large que longue, assez dure, munie de deux antennes courtes, filiformes, composées de cinq articles. La bouche est pourvue de deux mandibules cornées, arquées, et de deux mâchoires membraneuses, d'une lèvre supérieure, d'une lèvre inférieure et de quatre palpes. Les pattes sont au nombre de six attachées aux trois premiers segments, de consistance écailleuse. Cette larve change de peau une fois chaque année.

L'insecte parfait entre dans la famille des Lamellicornes, dans la tribu des Scarabéides, dans la sous-tribu des Mélitophiles et dans le genre *Cetonia*. Son nom entomologique est *Cetonia aurata*, et son nom vulgaire *Cétoine dorée*.

4. *Cetonia aurata*, Fab. — Longueur, 18 millimètres ; lar-

geur, 10 millimètres. Elle varie beaucoup par la grandeur etles couleurs ; les antennes sont noires, courtes, composéees de dix articles, dont les trois derniers forment une massue ovale de trois petites lames ; la tête est verte et le chaperon échancré ; le corselet est vert-doré, finement pointillé, plus étroit en devant qu'en arrière, échancré à l'insertion de l'écusson ; celui-ci est vert-doré et triangulaire ; les élytres sont vertes, avec quelques lignes transversales ondées, blanches ; on y aperçoit aussi deux ou trois élévations longitudinales ; on remarque encore la petite pièce axillaire située de chaque côté, entre elles et le corselet ; le dessous du corps est cuivreux, très-brillant ; le sternum est un peu avancé ; les pattes sont d'un vert-cuivreux, avec des poils roussâtres sur les cuisses ; la poitrine et les côtés de l'abdomen ont aussi des poils roussâtres ; le pygidium est découvert.

Elle est quelquefois sans taches sur les élytres, entièrement cuivreuses, ou avec des taches ondées blanches.

Cet insecte se tient sur les roses pour sucer les liquides miellés qui transsudent à la base des pétales et des étamines.

5. *Cétoine velue.* On trouve encore sur les roses la Cétoine velue, dont la larve est semblable à celle de la Cétoine dorée, si ce n'est qu'elle est plus petite. On la rencontre quelquefois sous les pierres qui recouvrent un nid de fourmis. Elle se tient ordinairement courbée en arc et couchée sur le côté dans une cellule dont la pierre forme le couvercle. Les fourmis ne l'incommodent pas et ne paraissent pas y faire attention. Elle s'enfonce en terre pendant l'hiver pour se soustraire au froid et à la gelée. Il est probable qu'elle emploie trois ans à prendre son accroissement et qu'elle ne se transforme en insecte parfait qu'au printemps de la quatrième année. Son nom entomologique est *Cetonia hirta,* et son nom vulgaire *Cétoine velue.*

5. *Cetonia hirta,* Fab. — Longueur, 10 millimètres; largeur, 6 millimètres. Les antennes sont noires, courtes, formées de dix

articles dont les trois derniers en massue ovale, lamellée ; le chaperon est échancré ; la tête est noire, couverte postérieurement de poils roussâtres ; le corselet est noirâtre, plus étroit en devant qu'en arrière, marqué d'une ligne longitudinale élevée et couvert de poils roussâtres ; l'écusson est triangulaire et noirâtre; les élytres sont noirâtres, couvertes de poils de la même couleur que ceux du corselet, avec quelques petites taches transversales blanches ; on voit une petite pièce triangulaire à la base vers l'épaule ; le dessous du corps et les pattes sont noirâtres, couverts de poils roussâtres.

6. *Cétoine piquetée.* Il convient de mentionner une troisième espèce de Cétoine que l'on voit fréquemment dans les roses pendant les mois de juillet et d'août et qui ne paraît pas leur porter plus de préjudice que les précédentes ; c'est la Cétoine piquetée, ou Cétoine stictique, appelée par Geoffroy le *drap mortuaire* à cause de sa couleur noire parsemée de points blancs. Je ne possède aucun renseignement sur sa larve, qui vit probablement dans la terre comme celle des deux espèces précédentes. Son nom entomologique est *Cetonia stictica*, et son nom vulgaire *Cétoine piquetée.*

6. *Cetonia stictica*, Fab. — Longueur, 9 millimètres ; largeur, 5 millimètres. Les antennes sont courtes, noires, composées de dix articles, dont les trois derniers en massue ovale, lamellée ; la tête est noire, sans taches ; le chaperon est légèrement échancré ; le corselet est noir, plus étroit en devant qu'en arrière, avec deux, quelquefois quatre rangées longitudinales de points blancs très petits ; on voit au milieu une ligne longitudinale peu élevée ; l'écusson est noir, triangulaire ; les élytres sont noires, parsemées de points blancs ; on remarque une petite pièce triangulaire aux épaules : le dessous du corps est noir, légèrement velu, avec quatre points blancs au milieu de l'abdomen chez le mâle et une suite de très petits points de la même

couleur de chaque côté ; le pygidium est taché de blanc ; les pattes sont noires.

Ces insectes ne paraissent pas nuire sensiblement aux rosiers, car ils ne rongent ni les feuilles, ni les pétales, ni les étamines ; ils se contentent de sucer les sucs mielleux qui transsudent à la base des étamines et des pistils ; c'est pour cela qu'ils plongent leur tête dans le centre de la fleur. On peut les tolérer dans les parterres et les jardins, et si j'en ai parlé c'est pour les faire connaître et empêcher qu'on ne les prenne pour des animaux malfaisants qu'on doit se hâter d'écraser dès qu'on les rencontre.

Les parasites de ces trois espèces de Cétoine n'ont pas encore été signalés.

—

7 et 8. — **Les Trichies noble et fasciée.**

(TRICHIUS NOBILIS, Fab.; — FASCIATUS, Oliv.)

Outre les Coléoptères dont on vient de parler, d'autres insectes du même ordre recherchent les roses et s'y comportent comme les Cétoines, c'est-à-dire qu'ils n'y commettent aucun dégât sensible ; ils se contentent de sucer le suc mielleux qui suinte de la base des organes de la fructification et de la base des pétales. Ces insectes ressemblent beaucoup aux Cétoines pour la forme, mais ils s'en distinguent par l'absence de la pièce axillaire située de chaque côté des épaules, entre le corselet et les élytres. Leurs larves ressemblent aussi à celles des Cétoines par la forme, la couleur, la structure ; mais elles ne vivent pas dans la terre comme ces dernières. On les trouve dans le bois mort et carié, dans les racines des arbres, qu'elles rongent et percent. Elles se nourrissent de matières ligneuses qui commencent à se décomposer et à pourrir, et contribuent par leur action à la destruction des vieilles souches. Elles emploient plusieurs années à prendre leur croissance, probablement trois ans, et à la fin de la dernière elles se construisent une coque ovale, avec des détritus de bois et du terreau, dans le lieu même où elles ont vécu, et lui donnent une notable consistance. Elles s'y changent en chrysalides, d'où l'insecte parfait s'échappe dans le mois de juin pour se porter sur les fleurs.

Ces insectes entrent dans la famille des Lamellicornes, la tribu des Scarabéides, la sous-tribu des Mélitophiles et dans le genre *Trichius*. Les espèces que l'on rencontre communément sur les roses sont les deux suivantes.

7. *Trichius nobilis*, Fab. — Longueur, 14 millimètres ; largeur, 8 millimètres. Les antennes sont noires, courtes, formées de dix articles dont les trois derniers en massue ovale, lamellée ; le chaperon est avancé, rebordé, légèrement échancré ; tout le dessus du corps est d'une couleur verte-cuivreuse, brillante ; le corselet est finement pointillé et marqué d'une ligne longitudinale enfoncée ; l'écusson est en cœur ; les élytres sont un peu raboteuses, plus courtes que l'abdomen, souvent sans taches, quelquefois avec des lignes transversales, courtes, blanchâtres; le dessous du corps est cuivreux, mais le dessous du corselet est couvert de poils courts, fins, roussâtres ; le pygidium présente plusieurs petites taches blanchâtres ; les pattes sont cuivreuses.

8. *Trichius fasciatus*, Oliv. — Longueur, 13 millimètres, largeur, 7 millimètres. Les antennes sont courtes, d'un brun-noir, formées de dix articles dont les trois derniers forment une massue ovale, lamellée ; le chaperon est rebordé, presque échancré ; la tête et le corselet sont noirs, couverts de poils serrés, roussâtres; l'écusson est noir, triangulaire, légèrement couvert de poils roussâtres ; les élytres sont d'un jaune-pâle, avec les bords noirs et trois taches noires sur chacune, dont l'une à la base, l'autre à l'extrémité et la troisième placée au milieu, formant des bandes interrompues à la suture ; le dessous du corps est noir, mais le dessous du corselet est couvert de poils roussâtres ; le pygidium est jaune, avec une grande tache noire ; les pattes sont noires, légèrement velues.

On trouve des individus dont les bandes noires de la base et de l'extrémité des élytres ne sont pas interrompues et se touchent à la suture. On en a fait une espèce distincte sous le nom de *Trichius gallicus.*

Ces insectes se rencontrent non seulement sur les roses, mais encore sur les autres fleurs et se laissent prendre facilement. Les femelles pondent leurs œufs dans le bois carié et décomposé. Lorsqu'on nettoyera de vieilles souches cariées, et qu'on enlèvera le terreau et le bois décomposé et pourri qu'elles renferment, pour n'y laisser que le bois sain et vif, on fera bien de tuer les larves semblables à celles des Hannetons que l'on rencontrera. Par cette opération on rendra un peu de santé à l'arbre et on éloignera le moment de sa mort.

—

9. — **La Cantharide.**

(Cantharis vesicatoria, Fab.)

La Cantharide est un Coléoptère connu à peu près de tout le monde, à cause de sa belle couleur vert-doré, de l'odeur pénétrante qu'elle répand au loin pendant sa vie, et à cause de l'emploi qu'on en fait pour les vésicatoires dans beaucoup de maladies. Il en a été question deux fois dans les petits traités précédents (1) ; c'est pourquoi je m'étendrai peu sur son histoire.

On doit la regarder comme l'un des insectes les plus nuisibles aux lilas, dont elle ronge les feuilles, et comme elle ne se montre qu'en troupes plus ou moins nombreuses et jamais isolément par deux ou trois, elle cause ordinairement beaucoup de ravages sur ces arbustes qu'elle dépouille de leur végétation. Elle parait à la Saint-Jean, vers le solstice d'été. On ignore où sa larve se tient et de quoi elle se nourrit. Elle attaque également la Symphorine à

(1) Insectes nuisibles à l'Homme, aux Animaux domestiques, etc., Insectes utiles à l'homme, etc.; Paris, V. Masson, 1862 et 1866.

grappes et en dévore les feuilles avec non moins d'avidité. Lorsqu'un lilas est envahi par une famille de Cantharides il faut sans retard faire la chasse à ces insectes. Pour cela on étend un drap au pied de l'arbre dès le matin avant le lever du soleil et on secoue la tige et les branches de manière à les faire tomber sur la toile. On les écrase ensuite, à moins qu'on ait la possibilité de les vendre à un pharmacien; dans ce dernier cas on les ramasse et on les jette dans un vase contenant du vinaigre, où elles sont étouffées. On les fait ensuite sécher au soleil et on les met dans une boite bien fermée et dans un double sac de papier pour les porter chez l'acheteur.

La Cantharide est un Coléoptère hétéromère, de la famille des Vésicants et du genre *Cantharis*, dont le nom entomologique est *Cantharis vesicatoria*.

9. *Cantharis vesicatoria*, Fab. — Longueur, 15 millimètres; largeur, 4 1/2 millimètres. Elle est d'un beau vert-doré ; les antennes sont noires, filiformes, de la longueur de la moitié du corps, composées de onze articles ; la tête a un profond enfoncement entre les yeux ; le corselet est petit, presque carré, inégal en dessus, plus étroit que la tête ; les élytres sont trois fois aussi longues que la tête et le corselet, un peu plus larges que ce dernier à la base, à côtés parallèles, finement granuleuses et arrondies au bout; le dessous du corps est pubescent; les pattes sont d'un vert-bleuâtre luisant ; les tarses sont d'un bleu-noirâtre.

10. — L'Apion de la Mauve.

(Apion æneum, Schœn.)

La Mauve sauvage (*Malva sylvestris*), les diverses espèces ou variétés de Mauves que l'on cultive comme plantes d'ornement, la Guimauve (*Althœa officinalis*), la Rose trémière (*Althœa rosea*), que l'on voit dans les jardins et les parterres, nourrissent dans leurs tiges et dans leurs rameaux un petit insecte qui, sans leur faire beaucoup de tort, lorsqu'il y est en faible nombre, leur nuit sensiblement lorsqu'il s'y multiplie avec exagération. La tige de ces plantes renferme à son centre un tuyau médullaire d'un diamètre considérable, ordinairement plein, quelquefois vide au milieu, rempli d'une moelle très blanche, qui sert de nourriture à la larve de ce petit insecte. Si vers le 25 juillet ou le 1er août on fend une tige par le milieu, on voit dans la moelle des galeries plus ou moins droites ou flexueuses, d'un diamètre de 1 à 2 millimètres, se dirigeant vers la circonférence et se rapprochant de l'écorce. Ces galeries aboutissent à une cellule ovale, très propre, qui touche ordinairement à la partie dure et sous-ligneuse de la tige. Cette cellule renferme ou une petite larve blanche ou une petite chrysalide et quelquefois un petit insecte parfait qui vient de subir sa métamorphose et qui est encore tout blanc. Les larves qu'on aperçoit dans les galeries n'ont pas toutes la même taille ; il y en a de plus grandes les unes que les autres, parce qu'elles sont un peu plus âgées. Elles ont de 2 à 3 millimètres de longueur ; elles sont blanches, luisantes, glabres, cylindriques, apodes, formées de douze segments, sans compter la tête qui est ronde, écailleuse, de couleur testacée ; elles se tiennent courbées en arc lorsqu'on les retire de leurs cellules ; les chrysalides sont couchées à nu dans les cellules, et l'on reconnaît à leur rostre long, cylindrique, appliqué contre la poitrine, qu'elles donneront naissance à un Curculionite. L'insecte parfait est blanc à sa naissance et très mou ; il se colore peu à peu, et ses téguments se durcissent ; il s'occupe alors du travail qui doit le mettre en liberté et perce la tige d'un petit trou rond qui lui permet de sortir et de prendre son essor. Au commeneement d'août on peut voir des petits trous noirs tout le long de la tige en plus ou moins grand nombre selon la quantité d'insectes qu'elle a nourris. On remarque que celles qui en portent beaucoup jaunissent et sont malades.

Ce petit insecte a le corps piriforme, le corselet conique, la tête prolongée en un rostre long et menu, les antennes droites terminées en massue ovale et pointue. Il se range dans la famille des Porte-bec, la tribu des Orthocères et le genre *Apion*. Son nom entomologique est *Apion æneum*, Schœn,, et son nom vulgaire *Apion bronzé*, *Apion de la Mauve*.

Apion æneum, Schœn. — Longueur, 4 millimètres (rostre compris.) Les antennes sont noires, insérées vers la base du rostre, droites, terminées en massue formée des trois derniers articles ; le rostre est arqué, cylindrique, noir, ponctué ; la tête est noire, ponctuée ; le corselet est presque cylindrique, mais un peu rétréci en devant, noir, ponctué, avec un très court sillon dorsal à la partie postérieure ; les élytres sont ovales, un peu plus larges à la base que le corselet, trois fois au moins aussi longues que ce dernier, d'un vert-obscur ou bronzé, striées, avec les intervalles des stries plans ; dessous et pattes noirs.

Lorsque la femelle de cet insecte a été fécondée et qu'elle éprouve le besoin de pondre, elle perce la tige des mauves avec son rostre effilé et pond un œuf dans le trou. Elle répète cette opération sur différents points, autant de fois qu'elle a d'œufs à déposer. Ces œufs, couvés par la chaleur de l'atmosphère, éclosent, et les larves qui en sortent vivent en mineuses dans la moelle qui leur sert de nourriture.

Elles sont atteintes dans leur gîte par des parasites qui savent percer la tige avec leur tarière, arriver jusqu'à elles et placer un œuf dans leur corps. La larve, sortie de cet œuf, dévore intérieurement la larve du Curculionite, se substitue à elle dans sa cellule, s'y change en chrysalide, puis ensuite en insecte parfait qui perce lui-même sa prison pour se mettre en liberté.

Le premier de ces parasites s'est montré le 2 et le 11 août. Il fait partie de la tribu des Ichneumoniens, de la sous-tribu des Braconites et du genre *Sigalphus*. Il me paraît se rapporter au *Sigalphus striatulus* ; cependant, comme il ressemble beaucoup au *Sigalphus pallipes*, je le décrirai avec un point de doute.

Sigalphus striatulus, N. de E. — Longueur, 2 1/2 millimètres. Il est noir ; les antennes sont noires, filiformes, un peu plus longues que le corps, allant en diminuant de grosseur de la base à l'extrémité, composées de vingt-deux articles dont les dix derniers presque moniliformes ; la tête est subglobuleuse, noire, luisante ; le corselet est noir, luisant, trilobé sur le dos, de la largeur de la tête ; l'écusson est arrondi, noir, luisant ; l'abdomen est noir, ovalaire, subsessile, de la longueur du thorax, formé de trois segments finement striés en dessus et en long ; les pattes sont fauves, avec l'extrémité des cuisses postérieures en dessus, l'extrémité des tibias et les tarses de la même paire noirs ; la base du premier article de ces derniers est fauve ; les ailes sont hyalines et dépassent l'abdomen ; le stigmate est noir et les nervures fines et pâles ; les supérieures sont pourvues d'une cellule radicale courte, lancéolée et de deux cellules cubitales, dont la première reçoit la nervure récurrente ; la tarière de la femelle est un peu courbée et de la longueur de l'abdomen.

Un second parasite du même Apion s'est montré le 30 août ; c'est un Chalcidite du genre *Pteromalus*, dont la larve a dévoré celle du Curculionite. Il présente beaucoup de ressemblance avec l'espèce appelée *Pteromalus Larvarum*, N. de E.; mais je n'affirme pas qu'il soit absolument le même.

Pteromalus Larvarum, N. de E. — Longueur, 2 1/2 millimètres. Il est d'un vert-doré brillant ; les antennes sont noires à premier article d'un blanc-jaunâtre depuis la base jusqu'aux deux tiers de la longueur ; la tête est ponctuée, d'un vert-doré ; les yeux sont bruns (mort) ; le thorax est vert-doré, ponctué, à sutures dorsales apparentes ; l'écusson est grand, arrondi à l'extrémité, de la même couleur et ponctuation que le corselet ; l'abdomen est d'un vert-doré lisse, à nuance violacée sur le dos, marqué d'une tache jaunâtre près de la base en dessus, lisse et brillant ; en dessous la tache est d'un blanc-jaunâtre à la base ; les pattes sont d'un blanc-jaunâtre, à hanches vertes ; les ailes sont hyalines, dépassant un peu l'abdomen avec la nervure et le rameau stigmatique bruns.

La femelle est d'une couleur vert-bronzé ; ses antennes sont entièrement noires et son abdomen n'est pas taché de jaune.

—

11. — Le Charançon de la Renouée.

(PHYTONOMUS POLYGONI, Sch.)

M. le Dr Boisduval, dans son *Entomologie horticole*, signale le *Phytonome de la Renouée* comme un insecte nuisible aux œillets. Il n'est pas rare, dit-il, de voir chez les fleuristes des tiges d'œillets qui languissent, jaunissent et finissent par se dessécher sans pouvoir donner de fleurs. Cette maladie est produite par la petite larve de ce Phytonome, qui creuse la tige et détruit toute la la partie médullaire.

Je n'ai pas eu l'occasion d'observer cette larve, ce qui m'empêche de la décrire et d'indiquer les époques de ses métamorphoses en chrysalide et en insecte parfait. Je ferai remarquer que sa manière de vivre est bien différente de celle de la larve de son congénère, le *Phytonomus rumicis*, laquelle se tient en plein air sur les feuilles des *Patiences*, qu'elle broute pour se nourrir.

Quant à l'insecte parfait, il se classe dans la famille des Portebec, la tribu des Gonatocères, la sous-tribu des Cléonites et le genre *Phytonomus*. Son nom entomologique est *Phytonomus polygoni*, et son nom vulgaire *Charançon de la Renouée*, *Charançon du Polygonum*.

11. *Phytonomus Polygoni*, Sch. — Longueur, 6 millimètres (rostre non compris.) Il est grisâtre ; le rostre est gris, deux fois aussi long que la tête, un peu courbé, ayant une ligne longitudinale blanche ; les antennes sont grises, coudées ; le premier article en massue atteint presque les yeux ; le premier du fémicule

est épais, allongé; ceux de trois à sept sont courts, en nœuds; la massue est ovale, oblongue ; les scrobes ou sillons antennaires sont obliques, un peu fléchis en dessous ; le corselet est subglobuleux, coupé droit en devant et en arrière, gris, marqué de trois raies longitudinales blanches , les élytres sont plus larges que le corselet à la base, quatre fois aussi longues que ce dernier, arrondies aux épaules, à côtés parallèles, atténuées et arrondies en arrière, de couleur cendrée, avec trois raies longitudinales, l'une noire le long du bord externe et deux brunes au milieu ; les pattes sont grises et les cuisses un peu renflées.

—

12. — Le Rongeur de la Clématite.

(BOSTRICHUS BI-SPINUS, Fab.)

La Clématite des haies *(Clematis vitalba)* ne se trouve guère dans les jardins et les parterres que pour y couvrir un mur ou cacher des rochers. Ses graines à longue queue plumeuse font un assez bel effet au commencement de l'automne en couvrant la plante de panaches blancs et nombreux. Cette plante est caustique, vésicante et on peut ouvrir un cautère avec son écorce ; elle est un purgatif violent et dangereux ; elle porte le nom vulgaire d'*herbe aux gueux*, parce que certains mendiants s'en sont servis pour produire des plaies sur les membres, afin d'exciter la commisération des passants.

Les tiges et les branches de la Clématite, lorsqu'elles sont malades ou nouvellement coupées et séparées du tronc, sont rongées par un petit Coléoptère qui y produit un notable dégât. Je n'ai pas eu l'occasion d'observer ses larves et de voir le travail qu'elles font sous l'écorce, et il est très probable qu'elles ressemblent à celles de tous les autres Bostriches et creusent sous l'écorce et dans l'aubier des galeries dont le déblai les nourrit. Si l'on examine, dans les mois d'août et de septembre et même au commencement du printemps, une branche de Clématite sèche, ou coupée depuis un an, qui a été envahie par cet insecte, on remarque que l'écorce est percée d'une multitude de petits trous ronds par lesquels se tamise une poudre fine de bois; qu'elle ne tient presque plus au bois et s'en détache très facilement ; que la surface de ce dernier est creusée de plusieurs canaux droits de même largeur partout et dirigés dans le sens des fibres, et l'on trouve ordinairement un insecte dans l'un d'eux, mais il n'y en a pas dans tous. Outre ces galeries droites, longitudinales, on en remarque d'autres imprimées dans le bois, qui sont courbes et qui tournent en hélice allongée autour de la branche. Quelques-unes des galeries droites et ordinairement celles en hélice se terminent à un trou de même diamètre qu'elles, qui pénètre jusqu'au centre, où il aboutit à une galerie centrale droite, peu longue, à l'extrémité de laquelle on trouve l'insecte parfaitement coloré ou n'ayant encore qu'une nuance fauve-pâle comme s'il était récemment né. On rencontre aussi, dans ces galeries centrales, dans la cellule où devrait se trouver un insecte parfait, si toutefois on fait cette recherche au mois de septembre, la chrysalide d'un petit Chalcidite provenant d'une larve qui a dévoré celle du Rongeur.

Il semble, d'après ces faits, que la femelle du Rongeur creuse sous l'écorce de la Clématite une galerie en hélice dans laquelle elle pond ses œufs; que les petites larves qui en sortent s'ouvrent des canaux longitudinaux et droits dont le déblai les nourrit ; qu'arrivée au terme de sa croissance chacune d'elles entre dans le bois jusqu'à l'axe médullaire et y pratique une cellule dans laquelle elle subit ses transformations ; que les insectes parfaits, après leur sortie de la branche, y rentrent bientôt, y creusent des galeries longitudinales pour se nourrir, et effacent alors celles creusées primitivement par les larves. C'est dans ces canaux qu'ils trouvent un refuge contre le mauvais temps et les rigueurs de l'hiver.

L'insecte parfait est un Coléoptère de la famille des Xylophages, de la tribu des Scolytides et du genre *Bostrichus*. Son nom entomologique est *Bostrichus bi-spinus*, et son nom vulgaire *Bostriche bi-épineux*, *Rongeur de la Clématite.*

12 *Bostrichus bi-spinus*, Fab.— Longueur, 2 1/2 millimètres. *Mâle.* Il est cylindrique, d'un brun-foncé, un peu velu ; la tête est noire, rentrée dans le corselet ; les antennes sont de la longueur de la tête, d'un brun-jaunâtre, terminées en massue conique ; le corselet est noirâtre, sub-cylindrique, à peu près aussi long que large, légèrement resserré entre les élytres, ponctué, garni de poils sortant des points ; les élytres sont de forme cylindrique, d'un brun-marron, aussi larges que le corselet à la base, deux fois aussi longues, ponctuées, avec des poils sortant des points enfoncés qui sont rangés en stries le long de la suture ; l'extrémité est tronquée obliquement, ayant une excavation profonde dans la troncature, et deux dents aiguës dans le haut ; les pattes sont fauves, avec les articulations brunâtres.

Femelle. Elle est semblable au mâle, mais l'extrémité des élytres n'est pas armée de dents.

Il est à remarquer que dans le mois de septembre on ne trouve que des femelles cachées dans les branches sèches de la Clématite, au moins je n'y ai rencontré que ce sexe. C'est là qu'elles passent l'hiver; elles en sortent pour travailler à une nouvelle génération au printemps suivant.

Le *Bostrichus bi-spinus* n'est pas le seul insecte que l'on trouve dans les galeries sous-corticales de la Clématite ; on y rencontre encore un petit Coléoptère allongé, linéaire, déprimé, qui est un ennemi redoutable de ce Rongeur. Sa forme étroite, aplatie, lui permet de s'insinuer dans les galeries, de les parcourir et de saisir les larves et les chrysalides qui les habitent et de les manger. Sa larve se tient aussi dans les mêmes galeries et fait, de son côté, la chasse aux larves du *Bostrichus* pour s'en nourrir. Dans les branches sèches, qui ne contiennent ni larves, ni chrysalides du Rongeur, il attaque probablement l'insecte parfait et parvient à le vaincre, quoiqu'il soit solidement cuirassé, car il a besoin de nourriture pour soutenir ses forces jusqu'au moment où le froid vient l'engourdir. Je n'ai pas vu la larve de cet insecte et ce n'est que sur le témoignage d'autrui que je parle de ses habitudes.

Il est classé dans la famille des Platysomes et dans le genre *Lœmophlœus*. Son nom entomologique est *Lœmophlœus clematidis* et son nom vulgaire *Lœmophlée de la Clématite*.

Lœmophlœus clematidis, Herich. — Longueur, 2 3/4 millimètres ; largeur, 2/3 millimètres. Il est d'un brun-fauve ; les antennes sont d'un fauve-brun, droites, à peu près de la longueur de la tête et du corselet, filiformes, un peu épaisses, composées de onze articles presque globuleux, dont le premier est plus gros que les suivants et les trois derniers un peu plus gros que les précédents ; la tête est allongée, ovalaire, ayant le devant d'un fauve-noirâtre chagriné, le derrière d'un fauve-lisse ; le corselet est de la largeur de la tête, en parallélogramme déprimé, plus long que large, d'un fauve-brun, ponctué ; les élytres sont de la largeur du corselet, deux fois aussi longues, à côtés parallèles, arrondies au bout, de la même couleur que le corselet, striées, avec les intervalles des stries plans. Les pattes sont courtes, d'un fauve-brun, à cuisses renflées.

—

13. — **La Saperde pupillée.**

(SAPERDA PUPILLATA, Dej.).

Le Chèvrefeuille des jardins (*Lonicera caprifolium*) est souvent envahi par une multitude de Pucerons qui font de cet arbuste d'ornement un objet dégoûtant. Cet envahissement est probablement un indice d'affaiblissement du végétal, et la cause en pourrait bien résider dans un insecte qui vit dans les branches de deux ou trois ans, qui en ronge la moelle pour se nourrir, qui y creuse de longues galeries longitudinales, qui altèrent la branche, la font languir pendant plusieurs années avant d'occasionner sa mort. L'insecte dangereux pour le chèvrefeuille est une larve de Coléoptère longicorne, qui grandit assez lentement, car elle met au moins deux ans à acquérir toute sa croissance et à se changer en insecte parfait. Si, dans le mois de novembre, on émonde un chèvrefeuille et si on examine les vieilles branches enlevées ou celles qu'on épargne, on verra sur quelques unes des trous ronds, dont le contour est noirâtre. Il y a assez souvent deux trous sur la même branche, éloignés l'un de l'autre, et même trois, selon sa longueur. En fendant ces branches dans le sens longitudinal on remarquera que leur intérieur est creux, que la moelle a disparu et que le canal qui la contenait est changé en une galerie à parois noirâtres. On pourra encore remarquer que le trou se trouve à peu près au milieu d'une partie vide, bourrée aux deux extrémités par un tampon de fibres de bois pressées et serrées. Toutes les branches percées ne renferment plus l'insecte qui a vécu dans la galerie ; il en est sorti par l'ouverture qu'il a pratiquée lui-même pour se mettre en liberté. Si l'on fend des branches intactes, on en trouve dont le canal médullaire est plein et qui sont très saines et d'autres dans lesquelles on voit une larve blanche, allongée, logée dans ce canal, qu'elle déblaie en rongeant la moelle et le vidant. On peut remarquer, en explorant différentes branches, qu'il y a des larves de deux tailles très inégales, des petites et des grandes ; ce qui porte à penser que les premières sont de l'année et les secondes de l'année précédente, ou peut-être plus âgées. Celle que j'ai examinée le 15 octobre a 12 millimètres de longueur. Elle est à peu près cylindrique. La tête est plus petite que le premier segment dans lequel elle peut se retirer, elle est écailleuse et jaunâtre ; les mandibules sont fortes, cornées et noirâtres ; le labre est brun. Le premier segment du corps est grand, plus gros que la tête et les autres segments ; sa surface est comme écailleuse, luisante, blanchâtre et couverte d'une granulation cornée sur toute sa partie postérieure, dont les grains sont d'autant plus spinuleux qu'ils sont plus en arrière ; ces grains sont roux. Le deuxième segment est très petit, ainsi que le troisième. Les suivants sont plus longs, égaux, et le dernier est un bouton plus petit que le dernier segment. Leur nombre est de 13 en tout, non compris la tête. Il n'y a pas de pattes apparentes ; mais le dos et le ventre des segments peuvent s'élever en forme de mamelons qui aident à la progression de la larve dans sa galerie. On peut remarquer un stigmate de chaque côté du premier segment, près de la suture avec le deuxième, plus gros que les autres qui sont marqués par des points jaunâtres au nombre de 8 paires. Tous les segments sont séparés par des étranglements profonds. Cette larve m'a paru être à sa deuxième année, car il y en avait de beaucoup plus petites à la même époque. Ces larves, en avançant, laissent derrière elles leurs excréments mêlés à des débris de moëlle et de fibres ligneuses. Lorsqu'elles sont parvenues à toute leur taille, vers la fin de novembre, elles bourrent les deux extrémités de la cellule dans laquelle elles veulent se changer en chrysalide, en pressant et tassant des fibres qu'elles détachent des parois de leur logement et restent au repos jusqu'au retour du printemps. Elles se changent en chrysalide en avril et l'insecte parfait perce la branche et se met en liberté à la fin de mai ou au commencement de juin.

Il entre dans la famille des Longicornes, dans la tribu des Lamiaires, et dans le genre *Saperda*, qui a été divisé en deux parties, dont l'une a conservé l'ancien nom et la deuxième a reçu celui de *Oberea*. Son nom entomologique est aujourd'hui *Oberea pupillata* et son nom vulgaire *Saperde pupillée* ou *Saperde du Chèvrefeuille*.

13. *Saperda (Oberea) pupillata*, Dej. — Longueur, 14 millimètres ; largeur, 3 millimètres. L'insecte est de forme cylindrique, allongée ; les antennes sont noires, filiformes, un peu moins longues que le corps, formées de onze articles, dont le premier plus gros que les autres ; la tête est noire, transverse, ponctuée ; le labre est brun, les mandibules sont noires et les palpes jaunes ;

les yeux sont noirs, non échancrés ; le corselet est court, cylindrique, jaune, marqué d'un point noir de chaque côté ; la poitrine porte deux taches noires, allongées, pointues de chaque côté ; les élytres sont noires, un peu plus larges que le corselet à la base, quatre fois aussi longues que la tête et le corselet, à côtés parallèles, fortement ponctuées, marquées d'une tache jaune scutellaire et échancrées à l'extrémité ; l'abdomen est jaune et présente, en dessous, trois grandes taches à la base formant une bande longitudinale, puis deux petites taches noires à l'extrémité ; l'anus est noir ; les pattes sont jaunes.

Il est vraisemblable que la femelle pond ses œufs sur les branches du chèvrefeuille, soit dans les fissures, soit au point d'insertion des rameaux.

—

14. — Le Criocère du Lys.

(CRIOCERIS MERDIGERA, Lat.).

Le Lys blanc (*Lilium candidum*) se voit dans tous lesjardins et les parterres dont il fait l'ornement par l'éclat, la grandeur et l'odeur suave de ses fleurs. Cette belle plante est exposée aux ravages d'un petit insecte qui, lorsqu'il s'y multiplie, en dévore les feuilles, les salit et en fait un objet de dégoût ; il attaque aussi les fleurs. Dès les premiers jours de mai, dans certaines années, un peu plus tard ordinairement, on remarque sur les feuilles du lys des petits paquets d'ordure noire et humide qui grossissent peu à peu et qui ne sont pas entièrement fixés à la même place, mais qui se meuvent lentement, laissant sous eux la plante rongée ou percée. Si on enlève ce petit tas d'ordure on trouve dessous une larve d'un rouge-jaunâtre qui broute la feuille et se recouvre de ses excréments. Son anus est tellement placé que les matières qui en sortent, au lieu de tomber à terre, s'arrêtent sur son dos et sont continuellement poussées en avant, du côté de la tête, par celles qui viennent ensuite ; en sorte que la larve se trouve, en très peu de temps, chargée d'une épaisse couche de ses excréments. Il paraît que cette couverture lui est nécessaire pour se garantir contre la chaleur du soleil et l'impression de l'air ; peut-être aussi la préserve-t-elle de l'atteinte des parasites qui cependant savent bien la blesser.

Cette larve provient d'un œuf pondu par l'insecte femelle, qui le colle sur une feuille de lys. Après son accouplement, qui dure au moins une heure, elle place ses œufs au nombre de sept ou huit dans le voisinage l'un de l'autre sur la même feuille, puis elle va sur d'autres feuilles achever sa ponte. Les œufs sont petits, oblongs, rougeâtres, enduits d'un liquide visqueux qui les colle à la feuille à leur sortie du corps. Au bout de quinze jours environ, selon la chaleur de l'atmosphère, les petites larves en sortent, se mettent à brouter les feuilles et à se recouvrir de leurs excréments. Elles arrivent au terme de leur croissance à la fin de mai et au commencement de juin. Lorsqu'elles sont arrivées à ce terme elles ne mangent plus, ne rendent plus d'excréments, et leur couverture se dessèche et tombe. Elles sont alors sèches et d'un rougeâtre-pâle ou d'un blanc-verdâtre livide. Elles ont 8 millimètres de longueur. Elles sont un peu atténuées en devant, c'est-à-dire qu'elles vont un peu en grossissant de la tête à l'extrémité opposée ; leur tête est noire, luisante, petite et ronde ; on y distingue deux petites mandibules et deux petites antennes coniques. Le corps est formé de douze segments peu distincts, dont le premier est noir, et dont le dernier porte en dessous un mamelon rétractile qui sert à la stabilité de l'insecte. Les pattes sont noires, attachées aux trois premiers segments. On voit de chaque côté du corps une sorte de bourrelet peu saillant, interrompu à chaque segment, sur lequel sont les stigmates marqués par un très petit point noir. Ils sont au nombre de neuf paires dont la première sur le premier segment, la deuxième sur le quatrième segment, et la troisième sur le cinquième.

Cette larve est très lourde et ne marche qu'en reculant pour chercher une nouvelle nourriture, lorsqu'elle a brouté celle qui est sous sa bouche. Parvenue au dernier terme de sa croissance, elle se débarrasse de sa couverture protectrice et séchée, elle descend de la plante sur laquelle elle a vécu et s'enfonce dans la terre, où elle s'enferme dans une coque formée de parcelles de terre liées ensemble par un liquide visqueux qu'elle rend par la bouche ; la coque est grossière à l'extérieur, mais lisse comme du satin à l'intérieur. La larve s'y change bientôt en chrysalide, et l'insecte parfait sort de terre environ trois semaines après, c'est-à-dire vers le commencement de juillet, pour produire une seconde génération qui passe l'hiver en terre et se montre au commencement de mai.

Ce petit Coléoptère fait partie de la famille des Cycliques, de la tribu des Eupodes et du genre *Crioceris*. Son nom entomologique est *Crioceris merdigera*, Lat., et son nom vulgaire *Criocère du Lys*.

14. *Crioceris merdigera*, Lat. —Longueur, 7 millimètres; largeur, 3 1/2 millimètres. Les antennes sont noires, filiformes, composées de onze articles, longues de la moitié du corps ; la tête est noire, transverse, rétrécie en arrière en forme de cou ; les yeux sont très saillants, échancrés; le corselet est rouge, sub-cylindrique, de la largeur de la tête, avec un enfoncement de chaque côté ; l'écusson est petit et noir ; les élytres sont deux fois aussi larges que le corselet à la base, quatre fois aussi longues que ce dernier, à côtés parallèles, arrondies en arrière, d'un beau rouge, marquées de points enfoncés rangés en stries ; les pattes et le dessous sont noirs.

Les larves du Criocère du Lys sont exposées aux attaques d'un Ichneumonien, qui parvient à introduire un œuf dans le corps de chacune de celles qu'il atteint. Je conjecture qu'il les blesse dans le moment où elles ont quitté leur couverture et qu'elles montrent leur corps à nu. La larve parasite se nourrit de celle du Criocère pendant qu'elle est renfermée dans sa coque, se change en chrysalide dans cette coque, et l'insecte parfait se montre dès le 1er mai.

Ce parasite a attaqué les larves de la seconde génération. Il se rapporte au genre *Campoplex*, et me paraît être le *Campoplex errabundus*, Grav.

Campoplex errabundus, Grav. — Longueur, 6-7 millimètres. Il est noir ; les antennes sont noires, filiformes, moins longues que le corps, courbées à l'extrémité ; la tête, les mandibules, les palpes sont noirs ; ces derniers, bruns à l'extrémité ; le thorax est noir, le métathorax arrondi en dessus, coupé droit en arrière, avec des lignes suturales saillantes à ses diverses régions ; l'abdomen est deux fois aussi long que le thorax, un peu comprimé à l'extrémité, paraissant en massue, vu de côté ; le premier segment forme un pédicule noir, renflé à son extrémité, qui est fauve ; les deuxième et troisième segments sont fauves, le quatrième est fauve à la base, brunissant à l'extrémité, les autres sont noirs ; les pattes sont fauves, à hanches noires ; les trochanters sont noirs, à extrémité fauve ; les ailes sont hyalines, atteignant à peu près l'extrémité de l'abdomen, à côtes et nervures noires ; l'aréole est petite, triangulaire, sessile ; la tarière est noire, très courte, dépassant à peine l'extrémité de l'abdomen.

Je n'ai pas vu le mâle. Il n'a paru que la femelle dans mon bocal d'éducation.

Le Criocère du Lys se porte aussi sur le lys Martagon, et probablement sur les autres espèces de ce genre pour en ronger et salir les feuilles, et même assez souvent les fleurs.

—

15 et 16. — **Les Altises de la Mauve.**

(ALTICA FULVIPES, Fab. ; — FUSCIPES, Fab.)

Les différentes espèces de Mauves indigènes, que l'on cultive dans les jardins et les parterres pour leur ornement, la guimauve (*Althea officinalis*), la mauve trémière (*Althea rosea*), sont fort exposées aux atteintes de petits Coléoptères de la famille des Cycliques, de la tribu des Galérucites et du genre *Altica*, que l'on nomme *Altica fulvipes* (Altise à pieds fauves) et *Altica fuscipes* (Altise à pieds bruns.) Ces petits insectes se montrent à la fin de mai et durent pendant tout l'été ; on les trouve en juillet et en août. Ils se tiennent sur les feuilles des plantes, qu'ils rongent pour se nourrir. Ils les percent d'une multitude de trous et les détruisent en partie, et comme ils y sont ordinairement en grand nombre, ils y causent des dégâts très sensibles. Ils s'accouplent sur les feuilles, et la femelle va pondre ses œufs dans la terre, dans le voisinage de la plante sur laquelle elle a vécu. Fondras a observé et décrit la larve de l'*Altica fuscipes*. Suivant cet entomologiste, elle est jaune, lisse, brillante, formée de douze segments sans compter la tête qui est d'un jaune un peu plus foncé que le corps, pourvue de deux mâchoires brunes, de deux petites antennes très courtes, transparentes ; elle est oblongue, et le vertex porte une légère échancrure triangulaire, bordée de brun à sa partie postérieure. Les anneaux du corps présentent un poil raide de chaque côté; les trois premiers sont pourvus chacun d'une paire de pattes, qui paraissent divisées en quatre articles, avec un crochet terminal ; le dernier porte en dessous un mamelon anal rétractile, faisant l'office d'une septième patte servant à la progression.

Ces larves se cachent dans la terre pendant le jour ou sous les débris des divers végétaux dont elles se nourrissent ; on ne les voit jamais sur les plantes. Les œufs d'où elles sortent sont ovales, jaunes, beaucoup plus courts que ceux de l'*Altica oleracea*. La femelle les dépose dans le terreau.

Il est très vraisemblable que la larve de l'*Altica fulvipes* ressemble à celle que l'on vient de décrire, parce que ces deux insectes parfaits font partie du genre *Podagrica*, qui est l'un de ceux dans lesquels on a divisé l'ancien genre *Altica*, excessivement nombreux en espèces. Les Altises du genre *Podagrica* ont les antennes formées de onze articles, le corps ovale, assez épais; elles présentent deux petites fossettes à la partie postérieure du corselet, une de chaque côté; leurs cuisses postérieures sont médiocrement renflées et elles sautent moins lestement que la plupart des autres Altises. Elles vivent toutes sur différentes espèces de Mauves.

15. *Altica (podagrica) fulvipes*, Fab. — Longueur, 4 millim.; largeur, 2 millim. Les antennes sont filiformes, presque de la moitié de la longueur du corps, brunes, avec les quatre premiers articles fauves; la tête, les mandibules, les palpes sont fauves; les yeux sont noirs; le corselet est plus large que la tête, transversal, fauve, à côtés arrondis, légèrement rebordés et crénelés; il est droit en devant et un peu arrondi en arrière et présente deux fossettes en arrière près du bord postérieur; les élytres sont un peu plus larges que le corselet, trois fois aussi longues, ovées, d'un vert-bleuâtre, ponctuées d'une multitude de petits points rangés quelquefois en lignes longitudinales; les pattes sont fauves et le dessous noir.

Cette espèce se trouve abondamment sur la guimauve et la mauve trémière.

16. *Altica (podagrica) fuscipes*, Fab. — Longueur, 2 1/2 à 3 millimètres; largeur, 1 1/2 millim. Les antennes sont brunes, filiformes, avec les quatres premiers articles bruns; la tête et le corselet sont ferrugineux, brillants; ce dernier finement pointillé; les deux fossettes touchent le bord postérieur; les yeux sont noirs; les élytres sont un peu plus larges que le corselet à la base, trois fois plus longues que ce dernier, ovées, d'un vert-bronzé métallique, marquées chacune de neuf stries de points enfoncés; le dessous du corselet est ferrugineux-obscur; le dessous de l'abdomen est noir, ponctué; l'anus est fauve.

Cette espèce se trouve sur la mauve trémière et sur la mauve commune (*Malva sylvestris.*)

—

17. — **L'Altise pied-noir.**

(ALTICA NIGRIPES, Panz.).

L'Altise pied-noir est un très petit Coléoptère qui produit beaucoup de dégâts dans les jardins lorsqu'il s'y trouve en grand nombre. Il se montre au printemps et se jette sur les navets, les radis et les capucines, dont il dévore les feuilles. Lorsqu'il est abondant et que son apparition coïncide avec la première pousse de ces plantes il les dévore jusqu'à la racine et les fait périr. On ne connaît pas sa larve ; on ne sait où elle se tient, ni de quoi elle se nourrit et, malgré qu'elle soit dans nos jardins et, pour ainsi dire, sous nos pieds, on n'est pas encore parvenu à la découvrir, ce qui tient probablement à ce qu'elle est petite, qu'elle vit dans la terre et qu'elle ne nous cause aucun dommage sensible. C'est l'insecte lui-même qui est nuisible et contre lequel nous n'avons aucun moyen assuré de défense. On n'en parle ici que parce qu'il dévore les feuilles de la capucine, plante qui orne nos parterres et nos jardins en même temps qu'elle est utile dans la cuisine. Ses belles fleurs jaunes ou d'un rouge-orange couronnent et parent nos salades, et ses fruits, confits dans le vinaigre, remplacent les cornichons.

L'insecte fait partie de la famille des Cycliques, de la tribu des Galérucites et du genre *Altica*. Ce genre, étant fort nombreux en espèces, a été partagé en plusieurs autres, d'après des caractères pris sur les insectes eux-mêmes. Il entre dans celui de *Phyllotreta*. Son nom entomologique est *Phyllotreta nigripes*, Panz., et son nom vulgaire *Altise pied-noir*. On lui donne aussi le nom de *Phyllotreta Lepidii*, sous lequel l'on décrit plusieurs entomologistes célèbres.

17. *Altica* (*phyllotreta*) *nigripes*, Panz. — Longueur, 1 1/2 millim.; largeur, 1 millim. Elle est entièrement d'un vert-bronzé, brillant, souvent avec des reflets bleuâtres ; le corselet est quel-

quefois cuivreux ; le corps est oblong, un peu déprimé ; les antennes sont filiformes, de la longueur de la moitié du corps, d'un noir de poix, composées de onze articles ; le labre est d'un bronzé-cuivreux ; les mandibules et les palpes sont brunâtres ; le corselet est deux fois aussi long que large, coupé droit en devant, un peu sinueux en arrière, à côtés arrondis, convexe en dessus et couvert de petits points, comme la tête ; l'écusson est très petit, arrondi, cuivreux ; les élytres sont cinq fois aussi longues que le corselet, un peu plus larges que lui à la base ; peu convexes, à côtés modérément arqués, obtusément arrondies à l'extrémité, ponctuées comme le corselet ; les pattes sont noires de poix ; les cuisses postérieures sont renflées, d'un noir-bronzé ; le premier article des tarses postérieurs a le tiers de la longueur du tibia, qui n'est pas sillonné en dessous pour le recevoir.

Cette Altise, comme toutes les espèces de ce genre, saute très lestement et fort loin et se dérobe ainsi à la main qui veut la saisir. Cette faculté dépend de leurs cuisses postérieures très grosses renfermant des muscles puissants faisant l'office de ressort.

On tâche de préserver les jeunes plants de radis, navets, capucines, en les arrosant avec de l'eau dans laquelle on délaye de la suie, ou en les poudrant de cendres lessivées.

---

18. — Le Perce-Oreille.

(FORFICULA AURICULARIA, Lin.).

Le Perce-Oreille est un insecte connu de tout le monde et qui cause souvent de grands ravages dans les jardins et les parterres, en rongeant les boutons des pêchers en espaliers, les tiges des œillets, les jeunes pousses des dahlias, et d'autres jeunes plantes ; il attaque aussi les fruits mûrs, tels que : les abricots, les prunes, les pêches et les poires. Comme il cause du dommage à différentes catégories de végétaux, son histoire doit se trouver dans les traités particuliers qui ont pour but de signaler les insectes nuisibles à chacune d'elles; c'est pourquoi je la reproduis ici.

Les Perce-Oreilles s'accouplent au milieu de l'automne et la ponte a lieu seulement au printemps suivant. La femelle dépose ses œufs par tas de quinze à vingt-cinq sous les écorces soulevées des arbres ou sous les pierres; ces œufs sont blancs et éclosent au bout d'un mois environ. Les petits, en naissant, sont d'un blanc étiolé et ne commencent à prendre leur couleur brune qu'après le premier changement de peau. La femelle ne quitte pas ses œufs, ni ses petits nouvellement nés; elle veille sur les uns et sur les autres, probablement pour les préserver de la voracité des autres insectes; ce qui a fait dire à quelques observateurs superficiels qu'elle couvait ses œufs. Les petits grandissent pendant l'été et parviennent à leur état adulte vers le milieu de l'automne. Après leur avant-dernier changement de peau ils acquièrent des moignons d'ailes et passent à l'état de nymphes pendant lequel ils courent et mangent comme ils le faisaient auparavant.

Les Perce-Oreilles sont nocturnes et volent très bien le soir lorsqu'ils veulent se transporter d'un lieu à un autre. Ils sont rarement isolés dans tous les âges de leur vie; ils sont presque toujours en petites sociétés. Pendant le jour ils restent cachés dans les fruits, sous les écorces soulevées des arbres, sous les caisses des jardins, sous les pierres. Ils aiment aussi se poser au centre des fleurs en ombelles.

Cet insecte est classé dans l'ordre des Orthoptères, dans la famille des Coureurs et dans le genre *Forficula*. Son nom entomologique est *Forficula auricularia*, et son nom vulgaire *Perce-Oreille*.

18. *Forficula auriculiaria,* Lin. — Longueur, 20 millim. Il est d'un brun plus ou moins clair; les antennes sont filiformes, plus longues que la moitié du corps, formées de quatorze articles, et roussâtres; la tête est roussâtre; le corselet est noirâtre, bordé

de blanc-jaunâtre; les élytres sont brunes, très courtes, avec les côtés d'un jaune-testacé pâle; l'abdomen est d'un brun foncé; le dernier segment est muni sur les côtés d'un tubercule en pointe à la base des pinces et deux autres plus petits à l'extrémité; les pinces du mâle sont grandes, rousses, et brunes à l'extrémité, très arquées et armées de deux fortes dents à leur base; celles de la femelle sont plus petites, sans dents, finement crénelées et peu courbes; les pattes sont d'un jaune pâle, avec les tarses de trois articles; Les ailes sont hyalines; elles sont pliées en long, en éventail, et ensuite deux fois en travers, et débordent un peu les élytres.

Les jardiniers ont inventé plusieurs moyens pour prendre les Perce-Oreilles. Les uns emploient des ergots de mouton; les autres des tiges creuses de roseau ou de quelque grand ombellifère; d'autres font des petits fagots avec de la paille et des brindilles, qu'ils suspendent le long des espaliers ou autour des œillets et des dahlias. Dès que le jour commence à paraître, ces insectes, qui fuient la lumière, viennent se réfugier dans ces abris. Il suffit alors de secouer ces piéges pour faire tomber les Perce-Oreilles, que l'on peut alors écraser.

—

19. — La Cigadelle du Rosier.

(Typhlocyba rosæ, Ger.).

Pendant l'été et l'automne on voit fréquemment les feuilles des rosiers devenir blanchâtres en dessus, se marbrer irrégulièrement de taches indéterminées, qui couvrent plus ou moins complétement la surface supérieure. Cet accident ou cette maladie, que l'on pourrait appeler la *panachure*, n'affecte pas le dessous de la feuille, qui ne change pas de couleur; mais on ne saurait douter qu'ainsi atteinte la feuille n'ait perdu sa propriété respiratoire, au moins en grande partie, et que le rosier n'en soit affecté. Cette altération est due à un très petit insecte de couleur blanche, de forme allongée, qui se tient sur le revers des feuilles, qui introduit son petit bec dans leur tissu et qui pompe, pour se nourrir, la sève contenue dans leur parenchyme. Lorsqu'il est nombreux il les dessèche et par là il cause un dommage réel à l'arbuste. On l'y voit sous ses trois formes de larve, de nymphe, et d'insecte parfait, ayant toujours la même couleur blanche.

Les larves sont fort petites et demeurent en troupe dans le voisinage les unes des autres. Elles sont presqu'immobiles et tiennent constamment leur petit bec enfoncé dans la feuille pour en sucer la sève. Elles ont une tête distincte pourvue de deux antennes très courtes; le corselet et l'abdomen se font suite sans incision sensible, et elles ont six pattes. Lorsqu'elles ont un peu grandi on voit le corselet se dessiner et présenter de chaque côté un petit bouton qui est le rudiment des ailes. Dans cet état elles restent encore sur la surface inférieure, mais elles changent quelquefois de place et cessent rarement de pomper leur nourriture. Ayant achevé de prendre leur accroissement sous la forme de nymphe elles changent de peau pour la dernière fois et deviennent des insectes pourvus de quatre ailes et en état de propager leur espèce. Sous ce nouvel état ils ne cessent pas de pomper la sève, mais ils courent, sautent et volent de feuille en feuille; ils sont fort agiles et échappent avec prestesse à la main qui veut les saisir.

Ce petit insecte fait partie de l'ordre des Hémiptères, de la section des Homoptères, de la famille des Cicadaires, de la tribu des Cigadelles et du genre *Typhlocyba*. Son nom entomologique est *Typhlocyba rosæ*, et son nom vulgaire *Cygadelle du Rosier*.

19. *Typhlocyba Rosæ*, Lin. — Longueur, 3 mil. Elle est étroite, allongée, presque cylindrique, d'un jaune très pâle ou blanche sans aucune tache ; les antennes sont sétacées, insérées à la partie inférieure de la tête, formées de trois articles dont le dernier est une soie simple, très fine ; le bec est formé par le prolongement du front; il est appliqué contre la poitrine dans le repos ; les yeux

sont grands et noirâtres; les stemmates ou les yeux lisses manquent; la tête est arrondie en devant et saillante, concave en arrière; le corselet est carré et l'écusson triangulaire; l'abdomen est presque cylindrique, de la longueur de la tête et du corselet; les élytres et les ailes sont à peu près de même consistance; elles se roulent sur l'abdomen qu'elles dépassent; les premières sont un peu jaunes à la base et presque hyalines à l'extrémité; les secondes sont hyalines; les pattes sont de la couleur générale, les postérieures sont plus longues que les autres et épineuses.

Cet insecte pond ses œufs sur le revers des feuilles des rosiers. On le rencontre aussi sur les feuilles de pommier et surtout sur celles du charme, et c'est pour cette dernière raison que Geoffroy, dans son *Histoire des Insectes des environs de Paris*, l'a nommée la *Cigadelle des Charmilles.*

Cette Cigadelle n'est nuisible au rosier que lorsqu'elle s'y trouve en grand nombre et qu'elle en panache ou blanchit toutes les feuilles. Si l'on veut essayer de la détruire il faut attaquer ses larves et ses nymphes en les soumettant à des fumigations de soufre, de tabac ou en les aspergeant avec une décoction de tabac, une dissolution de chaux vive, de potasse, ou de toute autre liqueur insecticide.

On n'a pas encore signalé ses parasites.

—

20. — **La Psylle du Buis.**

(PSYLLA BUXI, Lin.).

On voit souvent dans les jardins et les parterres rustiques à la campagne des plants de buis (*buxus virens*) soit à l'état nain pour border les allées, soit à l'état d'arbuste pour fournir des rameaux verts le jour du dimanche dit des Rameaux. Si l'on observe ces buis dès les premiers jours de mai on ne tarde pas à remarquer que les feuilles de l'extrémité de certaines tiges ne s'étalent pas à plat, comme celles qui sont en dessous; qu'elles sont courbées et bombées, appliquées l'une contre l'autre et formant une sorte de boule ou de galle. En ouvrant quelques-unes de ces boules on en trouve qui sont creuses et qui sont formées par la réunion de deux feuilles bombées, accolées, et d'autres qui renferment des feuilles bombées plus petites que les premières, formant des galles renfermées dans celles-ci. Les feuilles du buis sont persistantes et se conservent pendant l'hiver, et si les galles ouvertes sont formées de feuilles de l'année précédente on ne trouve aucun insecte dans leur intérieur; mais si elles sont formées de feuilles de l'année on ne tarde pas à y remarquer de très petites larves en nombre plus ou moins considérable, comme de deux ou trois à douze ou quinze. C'est vers la mi-avril qu'on peut en rencontrer. Ces larves sont alors oblongues, segmentés, ayant la tête, le thorax et l'abdomen tout d'une venue; on y distingue deux antennes filiformes, six pattes et un petit bec situé à la partie la plus inférieure de la tête, paraissant sortir d'entre les hanches antérieures. Ces petites larves sont rougeâtres, avec la tête, les antennes et les pattes noires; elle sont entourées d'une matière blanche cotonneuse qui les cache plus ou moins, et elles rendent par le derrière une matière sucrée qui se fige en sortant, prend la forme d'un fil blanchâtre contourné, plus ou moins long, ou qui se rompt en courts fragments.

Lorsque ces larves, en grandissant, ont changé de peau, elles prennent une couleur jaune-d'ambre ornée de deux rangs de petites tâches noires, une de chaque côté du corps; la tête, les antennes et les pattes sont très noires. Ayant encore grandi pendant quelque temps elles changent de peau de nouveau et elles deviennent vertes, mais elles ont acquis des rudiments d'ailes et sont devenues nymphes. Les gaînes dans lesquelles les ailes sont cachées sont roussâtres et moins larges que chez les espèces de ce genre.

Ce sont ces larves qui, en piquant les feuilles du buis, pour en extraire la sève dont elles se nourrissent, les font courber en calottes et qui se créent ainsi un logement où elles sont à l'abri des vicissitudes de l'atmosphère ; ce sont elles aussi qui rendent pour excréments une sorte de manne en grains ou en fils d'un goût légèrement sucré, nullement nauséabond. Les nymphes continuent à prendre leur nourriture dans leur habitation jusque vers le quinze mai, époque à laquelle elles deviennent insectes parfaits après un dernier changement de peau ; alors elles prennent leur essor, et on les voit sur les feuilles.

Pour obtenir ces insectes d'éclosion il faut récolter les galles des feuilles vers le premier mai et planter les branches qui les portent dans un bocal renfermant de la terre mouillée ; on peut même se contenter de jeter les boules sur cette terre humide, et on verra bientôt les insectes sauter et voler dans le bocal.

Cet insecte fait partie de l'ordre des Hémiptères, de la famille des Psyllius et du genre *Psylla*. Son nom entomologique est *Psylla Buxi*, et son nom vulgaire *Psylle du buis.*

20. *Psylla Buxi*, Lin. — Longueur 2 millim. Elle est verte ; les antennes sont filiformes, plus longues que le corps, grêles, formées de dix articles dont les deux premiers sont courts, plus gros que les autres ; les suivants sont longs, cylindriques ; la tête est large, subtriangulaire, avec les yeux proéminents, presque globuleux, et deux stemmates sur les vertex près des yeux ; le corselet est de la largeur de la tête, vert comme elle, sans taches, l'abdomen est de la largeur du thorax à la base, de la longueur de ce dernier et de la tête, vert, ové conique, terminé par une tarière écailleuse, pointue chez la femelle ; les élytres sont transparentes, relevées en toit dans le repos, d'un brun-jaunâtre ; les premières sont pourvues d'une cellule radiale et de deux nervures transversales fourchues à l'extrémité ; les pattes sont vertes et les dernières propres au saut.

Si l'on veut débarrasser les buis des Psylles qui les infestent, et qui cependant leur font peu de mal, il suffit d'enlever, vers la fin d'avril ou au commencement de mai, à l'aide de ciseaux, les extrémités des tiges, portant des boules ou galles, et de les brûler ; par là on détruira tous les nids de ces insectes.

On n'a pas encore signalé les parasites de cette espèce d'Homoptère.

---

21. — **Le Puceron du Rosier.**

(Aphis Rosæ, Lin.).

Tout le monde a remarqué le Puceron du Rosier qui se trouve en masse pressées autour des jeunes pousses des rosiers, surtout vers leur extrémité. Ils y sont tellement serrés les uns contre les autres qu'on ne distingue plus l'écorce du bourgeon. On en remarque de différentes tailles, des grands, des moyens et des petits. Quelques uns, parmi les grands, sont pourvus de quatre ailes transparentes placées en toit sur l'abdomen, qu'elles dépassent beaucoup ; tous les autres sont aptères. Ces insectes, dont le corps est extrêmement mou, sont presque immobiles. Ils sont fixés à la branche sur laquelle ils se tiennent par leur petit bec enfoncé dans l'écorce et sucent continuellement la sève qui circule dans son tissu ou entre elle et le bois. Ils rendent le surplus de leur besoin par deux petites cornes membraneuses qu'ils portent à l'extrémité de l'abdomen ; ces cornes sont deux tuyaux par lesquels ils se débarrassent d'un liquide qui a passé par les organes de la digestion et qui a pris une saveur légèrement sucrée par l'élaboration qu'il y a subie. L'écoulement est quelquefois si abondant que les feuilles inférieures en sont humectées et sont enduites d'une légère couche de sirop appelé *miellée*. Les fourmis sont très avides de cette liqueur et la recueillent avec le plus grand empressement. Les pucerons occasionnent la déviation d'une quantité considérable de sève qui est détournée de sa destination naturelle et qu'ils s'approprient pour leur nourriture, ce qui doit ralentir la végétation et empêcher le rosier de pousser des jets vigoureux et des fleurs d'une belle dimension. Cependant on ne remarque pas ordinairement un dépérissement bien sensible sur les rosiers chargés de pucerons ; ils n'en sont pas déformés et l'on est porté à croire qu'ils nuisent moins à ces arbustes que les pucerons qui attaquent les pêchers, les poiriers, les groseillers. Les pucerons du rosier ne sont nuisibles que parce qu'ils crispent, recoquillent les feuilles et les rendent impropres à leurs fonctions respiratoires.

En examinant une famille de pucerons sur une branche de rosier on en remarque de tout petits qui viennent de sortir du corps de leur mère et qui n'ont pas d'ailes ; on en voit d'autres d'une taille moyenne qui manquent aussi de ces organes et dont le corselet ne se distingue pas du reste du corps ; ceux-là n'en acquerront jamais. Il y en a dont le corselet est bien distinct de la tête et de l'abdomen et qui laissent apercevoir un petit bouton de chaque côté ; ce sont des pucerons qui deviendront ailés et qui dans ce moment sont à l'état de nymphes; enfin on en voit qui portent quatre ailes bien développées. Dans les individus ailés on reconnait très bien les trois états de larve, de nymphe et d'insecte parfait ; mais dans les individus qui ne prennent jamais d'ailes, la larve, la nymphe et l'insecte parfait ne se distinguent que par la taille.

Les pucerons sont mâles ou femelles ; les premiers sont toujours pourvus d'ailes, tandis que les secondes en sont privées ou en possèdent indifféremment. Les femelles sont beaucoup plus nombreuses que les mâles par la raison qu'une femelle qui s'accouple au printemps pond des femelles, qui devenues adultes pondent à leur tour des femelles sans l'intervention du mâle, lesquelles produisent encore des femelles sans l'approche du mâle, ainsi de suite pendant toute la belle saison. L'accouplement ne se fait pas à une époque fixe et unique, à ce que je suppose ; car je l'ai observé le 24 octobre, tandis qu'il est admis qu'il a lieu au printemps. La dernière portée de l'automne donne des œufs au lieu de petits vivants, et de ces œufs, qui passent l'hiver sur les branches, il sort au printemps des mâles et des femelles qui perpétuent l'espèce.

Cet insecte entre dans l'ordre des Hémiptères, la section des Homoptères, la famille des *Aphidiens* et dans le genre *Aphis*. Son nom entomologique est *Aphis Rosæ* et son nom vulgaire ***Puceron du Rosier***.

21. *Aphis Rosæ*, Lin. — *Aptère*. Longueur, 3 millim. Il est ovale, piriforme, vert; les antennes sont sétacées, de la longueur du corps, formées de sept articles, dont les deux premiers sont plus gros et plus courts que les autres; les yeux sont noirs; le bec est court, composé de trois articles naissant entre la tête et la poitrine et s'étendant jusqu'aux hanches intermédiaires dans le repos; son extrémité est noire; les cornicules sont longues et noires; les pattes sont vertes, avec les articulations noirâtres; l'abdomen est terminé par une petite queue verte.

On trouve des individus qui sont d'une couleur rougeâtre.

Ailé. Longueur, 3 millim. Il est vert, varié de noir; les antennes sont noires, sétacées, plus longues que le corps, de sept articles; la tête est noire; les yeux sont rougeâtres; le bec est vert, avec l'extrémité noire, et atteint les hanches moyennes dans le repos; le dos du thorax et la poitrine sont noirs et les côtés verts; l'abdomen est vert, marqué d'une ligne latérale de taches noires (une tache sur chaque segment); les cornicules sont longues et noires; la queue est verte, notablement saillante; les pattes sont vertes, avec les hanches, l'extrémité des cuisses et des tibias et les tarses noirs; les ailes sont grandes, dépassant l'abdomen d'une fois sa longueur, à nervures verdâtres, dressées verticalement au-dessus du corps; la nervure cubitale émet un rameau bifurqué.

Il serait bien à désirer que l'on connût un procédé simple, peu dispendieux, d'un emploi facile pour détruire cette vermine qui salit les rosiers et nuit à leur développement; mais ce procédé est encore à trouver. On peut essayer les fumigations de tabac, de soufre; les lotions avec de l'eau de lessive, de l'eau de potasse ou de chaux, avec le vinaigre, ou les poudrer avec de la chaux vive dès le matin à la rosée. En passant sur eux un pinceau trempé dans de l'essence de térébenthine ou dans de la benzine on les tue immédiatement. Ce qu'il faut trouver c'est un moyen qui fasse périr les pucerons et les empêche de reparaître pendant le reste de l'année, et qui, en même temps, n'altère pas le rosier. En employant ces procédés on fera bien de redonner de la vigueur à ces arbustes par les labourages, les arrosements, et en amendant le sol qui les porte, en les taillant convenablement, de manière à obtenir des pousses vigoureuses qui éloigneront les pucerons; car on remarque que ce sont les sujets faibles et malvenants qui sont le plus chargés de ces petits animaux.

La nature a pourvu à leur destruction par l'action d'autres insectes qui en font leur nourriture, comme les larves des Diptères du genre *Syrphe;* celles des Névroptères du genre *Hémerobe*; celles des Coléoptères du genre *Coccinelle.* D'autres insectes de l'ordre des Hyménoptères, de la tribu des Crabroniens, et du genre *Penphredon,* de Latreille, les récoltent et les enfouissent dans leurs nids pour la nourriture de leurs larves. Les Ichneumoniens du genre *Aphidius* pondent leurs œufs dans le corps des pucerons et les larves qui en sortent dévorent les entrailles de ceux qui les ont reçus. Il en est de même à l'égard des Oxyuriens du genre *Céraphron* et de quelques autres petits Hyménoptères de la tribu des Chalcidites et du genre *Cynips* de Latreille. Tous ces insectes existent en abondance dans les jardins envahis par les pucerons et l'on doit bien se garder de les tuer. S'ils ne parviennent pas à délivrer les rosiers et autres arbres de ces petits Homoptères, ils en diminuent beaucoup le nombre et nous rendent d'importants services. On peut voir l'histoire de ces insectes protecteurs dans le traité des *Insectes nuisibles aux arbres fruitiers, aux plantes potagères, aux céréales et aux plantes fourragères* (Extrait du bulletin de la Société des sciences historiques et naturelles de l'Yonne, 3e trimestre 1861).

---

22. — Le Puceron du Chèvrefeuille.

(APHIS XYLOSTEI, Schr.).

Le chèvrefeuille des jardins (*Lonicera caprifolium*) est un arbuste très répandu dans les jardins, dans les parterres, à cause de ses fleurs d'une forme élégante et d'une odeur suave. Il est fort sujet à être envahi par un petit puceron qui s'y multiplie d'une manière prodigieuse. Il s'établit autour des fleurs avant leur épanouissement et les enveloppe entièrement; il envahit la surface supérieure des feuilles, surtout à l'extrémité des rameaux; il les courbe, les roule et s'enferme dedans et finit par n'en laisser aucune intacte. Les feuilles et les fleurs sont en outre salies par les pellicules qu'il y laisse ou plutôt par les peaux des pucerons sucés par les larves de différentes espèces de Diptères du genre Syrphe, qui en font leur nourriture, en sorte que l'arbuste présente un aspect dégoûtant. On trouve dans les abris où il se tient des goutellettes d'un liquide sucré en forme de petits globules, comme on en remarque dans les vessies des feuilles d'ormes habitées par les pucerons. Ce liquide est une excrétion qui sort par les deux cornicules qu'il porte à l'extrémité de l'abdomen. Ces insectes ne prennent presque jamais de mouvement; dès leur naissance ils enfoncent leur petit bec dans l'écorce, sucent la sève sans changer de place et restent dans le même lieu jusqu'à leur mort. On les voit sur les chèvrefeuilles de différentes espèces depuis les premiers jours de mai jusqu'à la fin d'octobre. Je n'en ai pas observé d'ailés, tous étaient aptères et l'on remarquait à la forme de leur corselet qu'aucun ne devait acquérir d'ailes. On en voit de toutes les tailles, depuis les petits qui viennent de sortir du corps de leur mère jusqu'à la grosseur des mères en travail d'enfantement.

Ce petit insecte est un Hémiptère-Homoptère de la famille des Aphidiens et du genre *Aphis*. Son nom entomologique est *Aphis Xylostei*, et son nom vulgaire Puceron du Chèvrefeuille.

22. *Aphis Xylostei.* — *Aptère.* Longueur, 2 millim. Il est

d'un vert-blanchâtre, pollineux, et d'une forme ovale atténuée aux deux extrémités ; les antennes sont beaucoup moins longues que le corps et vont en diminuant de grosseur depuis la base jusqu'à l'extrémité ; elles sont composées de sept articles, les deux premiers relativement gros et courts ; le troisième long, le dernier grêle ; elles sont vertes à la base et noires à l'extrémité ; les yeux sont noirs, ainsi que le bec qui est court et naît entre la tête et les hanches antérieures ; les cornicules sont courtes et noires, et l'extrémité de l'abdomen est terminé par une petite queue d'un vert plus foncé que le corps ; les pattes sont d'un vert-noirâtre.

Le meilleur moyen que l'on connaisse pour préserver les chèvrefeuilles de cet insecte est de les tailler très court lorsqu'ils ont perdu leurs feuilles en novembre, de supprimer toutes les branches de l'année, afin qu'il en pousse de nouvelles au printemps suivant. C'est parce que l'arbuste est languissant que le puceron s'y met. On ne doit lui laisser de branches que ce que ses racines peuvent nourrir.

Les ennemis naturels de cet insecte sont les mêmes que ceux des autres pucerons, c'est-à-dire, les larves des Syrphes, des Hémérobes et des Coccinelles, les Braconites du genre *Aphidius*, les Chalcidites du genre *Ceraphron* et probablement d'autres espèces.

---

23. — **Le Puceron du genêt d'Espagne.**

(Aphis Laburni, Kalt.).

Le genêt d'Espagne (*Genista juncea*) est un arbuste des plus répandus dans les jardins et les parterres et qui mérite cette prédilection par ses rameaux junciformes peu feuillus, d'un beau vert, et par ses grappes de belles fleurs jaunes répandant aux environs une suave odeur. Il fleurit en juillet et en août et porte ses graines dans de longues cosses ressemblant à celles des haricots. Il est fort exposé à un puceron qui envahit ses jeunes pousses, qui s'y multiplie en nombre considérable et qui les enveloppe de ses nombreuses bandes, de manière à les rendre toutes noires; il se tient aussi entre les fleurs et les salit. On l'y voit dès les premiers jours de juin et quelquefois plus tôt, sous sa forme ailée et sous sa forme aptère. Ses antennes sont composées de sept articles, ce qui le place dans le genre Aphis. Son nom entomologique est *Aphis Laburni*, et son nom vulgaire *Puceron du genêt d'Espagne.*

Aphis Laburni, Kalt. — *Ailé.* Longueur, 1 1/2 millim. Il est noir; les antennes sont noires, à peu près de la longueur du corps, formées de sept articles, dont les deux premiers sont courts, plus gros que les autres, qui vont en diminuant de grosseur jusqu'au dernier, qui est grêle; la tête, le thorax et l'abdomen sont noirs; les cuisses sont noires; les tibias sont blanchâtres, à extrémité noire; les ailes sont hyalines et dépassent beaucoup l'abdomen; leurs nervures et le stigma sont d'un blanc-jaunâtre; la cellule radiale est fermée à l'extrémité et la nervure cubitale fourchue; les cornicules sont noires, de moyenne longueur; le bec est jaunâtre, avec l'extrémité noire.

Aptère. Longueur, 1 1/2 millim. Il est noir et pollineux, pyriforme; les antennes sont sétacées, moins longues que le corps, de sept articles, dont les deux premiers de la tige sont blanchâtres et les autres noirs; les pattes sont blanchâtres, avec les cuisses et les tarses noirs; les cornicules sont noires ainsi qu'une petite queue à l'extrémité de l'abdomen.

Ce puceron ne produit aucune déformation sur l'arbuste. On le trouve très abondamment sur la fève des marais, où on le voit pendant tout l'été; les tiges et les intervalles des fleurs en sont quelquefois entièrement noirs. Le genêt étant de la famille des Légumineuses ainsi que la fève, il n'est pas étonnant que le même puceron les envahisse l'un et l'autre avec la même avidité et s'y multiplie excessivement.

—

24. — Le Puceron du Fusain.

(Aphis Evonymi.)

Le Puceron du Fusain jouit d'une certaine célébrité parmi les entomologistes, car c'est lui qui a servi aux expériences faites par Bonnet de Genève sur la génération des pucerons et à prouver que ces petits insectes peuvent se multiplier pendant neuf ou dix générations consécutives sans accouplement.

Il est très commun sur le fusain dont il envahit les feuilles; il se tient sur leur revers et y vit en troupes nombreuses, ce qui les fait courber, plier et recoquiller et lui procure des retraites obscures dans lesquelles il se plait et se multiplie rapidement. Ce sont les arbustes un peu languissants et ne poussant pas vigoureusement, qui en sont le plus chargés. On commence à l'y voir dès le 1er mai, mais ce n'est guère que vers le 6 qu'on y rencontre l'individu ailé et ce n'est qu'à l'époque des premiers froids qu'il disparaît.

Il est classé dans le genre *Aphis* de l'ordre des Hémiptères-Homoptères. Son nom vulgaire est *Puceron du Fusain*.

24. *Aphis Evonymi*. — *Aptère*. Longueur, 1 1/2-2 millimètres. Il est noir, un peu velouté, épais, piriforme; les antennes sont filiformes, presque de la longueur du corps, composées de sept articles; les deux premiers noirs, gros et courts, le troisième long et blanchâtre, les suivants noirs, allant en s'effilant de plus jusqu'à l'extrémité; le corps est piriforme, terminé par un appendice caudal; les cornicules de l'avant-dernier segment sont à peu près de la longueur de la queue; les pattes antérieures sont blanchâtres, avec les genoux et les tarses noirs; les cuisses des autres pattes sont noires et leurs tibias blanchâtres; l'extrémité de ces derniers et les tarses sont noirs; le bec est noir et s'étend jusqu'aux hanches intermédiaires.

Ailé. — Longueur, 1 1/2 millim. Il est noir, luisant; la tête est petite, arrondie en devant, avec les yeux saillants ; les antennes sont à peu près de la longueur du corps, formées de sept articles, noires, allant en s'effilant vers l'extrémité ; le corselet est beaucoup plus large que la tête, lobé sur le dos ; l'abdomen est de la longueur de la tête et du corselet, de la largeur de ce dernier à la base, un peu plus épais à l'extrémité, qui est terminée par un appendice caudal et qui porte deux cornicules sur l'avant dernier segment ; les pattes sont comme chez la femelle ; les ailes sont hyalines, dépassant l'abdomen de toute la longueur de l'insecte ; le stigma est grisâtre, la cellule radiale fermée un peu avant le bout de l'aile ; la nervure sous-costale est deux fois fourchue, et les deux autres nervures transversales sont parallèles à la sous-costale.

—

25 et 26. — **Les Pucerons du Pavot et de l'Œillet.**

(APHIS PAPAVERIS, Fab. ; — DIANTHI, Schrank.).

Le Pavot des Jardins (*Pavaver somniferum*) est très répandu dans les jardins et les parterres, qu'il orne de ses belles fleurs à couleurs rouge-pâle, roses, blanches et variées. Il est fort souvent envahi par un puceron qui se multiplie avec une prodigieuse rapidité. On l'y voit vers la fin du printemps et en été. Ce même puceron se rencontre sur beaucoup d'autres plantes. Les plantes qui le nourrissent en paraissent quelquefois toutes noires, tant il est nombreux sur leurs tiges et leurs rameaux. Son nom entomologique est *Aphis Papaveris*, Fab., et son nom vulgaire est *Puceron du pavot*.

25. *Aphis Papaveris*, Fab. — *Ailé*. Longueur, 3 millim. Le corps est noir ; les antennes sont brunes, formées de sept articles ; leur partie moyenne est d'un blanc-jaunâtre ; les pattes sont noires, quelquefois jaunes, avec les articulations noires ; les ailes sont hyalines, avec le bord marginal des premières brunâtre.

Aptère. Longueur, 2 1/2 millim. Il est d'un noir mat, ovale, fortement bombé, saupoudré de noir; ses antennes sont d'un brun-obscur, avec les troisième et quatrième articles blanchâtres; les cornicules sont de longueur moyenne, noires ainsi que la queue, qui est un peu plus courte; les pattes postérieures sont blanchâtres.

On le trouve non-seulement sur le pavot et le coquelicot, mais aussi sur la digitale, la bourse-à-pasteur (*Thlaspi bursa-pastoris*) le chardon des champs (*Carduus arvensis*), les (Datura), la Valériane officinale, sur les différentes espèces de mille-pertuis, la laitue, les scorsonères, les camomilles, les haricots et les betteraves, etc.

Suivant le docteur Boisduval le Puceron du Pavot est le même que le puceron des Fèves (*Aphis Fabæ*, Scop.), que le puceron noir de l'artichaut; encore le même que le puceron noir de la tomate et de l'aubergine, le puceron noir des ombellifères que l'on voit sur le fenouil, la carotte etc. et sur les melons, l'arroche (*Atriplex hortensis*).

26. Le Puceron de l'Œillet (*Aphis Dianthi*, Schr.) est signalé par M. le docteur Boisduval comme un insecte « vivant sur une infinité de plantes de familles fort éloignées. C'est l'espèce la plus fréquente dans les serres chaudes et tempérées; toutes les plantes molles, cultivées en pots, sont exposées à être envahies par ce parasite: on le trouve sur les primevères de la Chine, les *Mesambrianthemum*, les œillets, les tulipes, les crocus, etc., etc. Ce puceron et celui du pavot (*Aphis Papaveris*) sont les deux espèces les plus polyphages. »

« Il est luisant, jaune, ou d'un vert-jaune ou même quelquefois vert, chagriné sur le dos, ovale, allongé, avec les antennes blanchâtres; les cornicules sont longues, d'un jaune-pâle, avec l'extrémité brune; la petite queue est d'un vert-jaunâtre. »

Je n'ai pas vu cette espèce, et je ne peux décrire l'individu ailé, peut-être qu'elle ne se jette pas sur les œillets rustiques que l'on voit communément dans les jardins et les parterres de nos campagnes.

Le puceron de l'œillet, selon M. Boisduval, est le même que celui du *Lantana*, le même que celui des Verveines, des Cinéraires, des *Ageratum*, des *Fuchsia* et des Jacinthes.

—

27. — La Gallinsecte du Fusain.

(LECANIUM EVONYMI).

Le Fusain (*Evonymus europœus*) figure avec avantage dans les massifs des jardins paysagistes et ne le cède pas en beauté à plusieurs arbrisseaux exotiques qu'on y introduit de préférence. Il produit au mois de mai des fleurs vertes insignifiantes auxquelles succèdent en automne des fruits rouges de la plus belle nuance. Ces fruits, formés de quatre lobes ou de quatre côtes très prononcées, ressemblent grossièrement à un bonnet carré et ont valu à l'arbre le nom vulgaire de *Bonnet de Prêtre, Bonnet carré*. Lorsque sa végétation n'est pas vigoureuse, et qu'il souffre, soit par cause de sécheresse ou par défaut du sol, il se couvre de gallinsectes qui pompent la sève déjà trop rare qui circule dans ses branches, font un grand tort à l'arbre et peuvent occasionner sa mort. C'est vers la fin de mai qu'on peut y voir ces insectes qui sont alors très reconnaissables par leur grandeur et par la couche épaisse de coton blanc sur laquelle ils reposent. Ils ont la forme ovale, un peu atténuée à une extrémité qui touche l'écorce en un point, et échancrée à l'autre extrémité placée sur un monticule de coton qui se prolonge derrière eux en pente à 45° environ. L'insecte paraît comme une coquille mince, noirâtre, longue de 8 millim. sur 7 millim. de large, qui touche la branche par son bord antérieur et qui repose sur un monticule de coton, lequel se prolonge en pente derrière lui, ayant la tête en bas et le derrière relevé. Sous cette pellicule en forme de coquille se trouve un nombre prodigieux de très petits œufs rougeâtres et ovales; ils sont enveloppés par le coton qui les renferme comme dans un nid, et recouverts par cette pellicule formée de la mère qui les a pondus, laquelle, après s'être vidée, a été réduite à la peau de son ventre collée à celle de son dos.

Les œufs éclosent vers le 30 mai, et les petits sortent de dessous leur mère par l'échancrure qui existe au milieu de son bord postérieur. Ils ont alors environ 1/2 mill. de longueur; leurs antennes paraissent formées de cinq articles et portent deux ou trois poils assez longs à leur côté intérieur et d'autres poils plus courts au côté extérieur; elles sont terminées par deux poils, dont un notablement long et l'autre beaucoup plus court; le corps est ovale, rougeâtre, déprimé, un peu atténué en arrière; l'extrémité postérieure est échancrée et terminée par deux longs poils; on ne distingue pas la tête ni le corselet, mais seulement des indices obscurs de segment; les pattes, au nombre de six, sont très courtes, terminées par un tarse qui semble composé de deux articles dont le dernier porte trois poils peu longs sur lesquels la petite patte s'appuie en marchant.

Les petites larves se dispersent sur les feuilles et les jeunes pousses du fusain et enfoncent leur petit bec dans l'écorce pour en pomper la sève qui leur sert de nourriture. Elles grandissent pendant le printemps et l'été. A l'approche des froids, lorsque les feuilles ne contiennent plus de sève et vont tomber, les cochenilles déjà fortes les abandonnent et vont se fixer sur les branches où elles passent l'hiver. Je n'ai pas suivi le détail de leur vie et je ne sais à quelle époque paraissent les mâles pour féconder les femelles, ni quelles sont les formes et les couleurs de ces mâles. Lorsqu'on se rappelle le nombre prodigieux de petits que produit une seule femelle et le faible nombre de cochenilles qui se trouve après l'hiver, on doit conclure qu'il en périt une énorme quantité par suite du froid ou par toute autre cause; mais pendant qu'elles existent elles épuisent l'arbre qui les nourrit et en causent la mort après deux ou trois ans si on n'y porte pas remède.

Cet insecte fait partie de l'ordre des Hémiptères-Homoptères, de la famille des Gallinsectes ou Cocciniens, et du genre *Lecanium*. Son nom entomologique est *Lecanium Evonymi*, et son nom vulgaire *Gallinsecte du Fusain*, *ou Cochenille du Fusain*.

27. *Lecanium Evonymi*, Fem. — Longueur, 8 millim. largeur, 7 millim. Elle est brune, ovale, bombée, atténuée à la partie antérieure, échancrée au bout postérieur. Lorsqu'elle est vidée de ses œufs elle paraît ridée et d'un brun-verdâtre.

Mâle. Il est inconnu.

Cette Gallinsecte a plusieurs ennemis parmi les parasites, dont les uns lui dévorent les entrailles et la font mourir, et les autres mangent ses œufs et diminuent le nombre de ses petits.

Le premier de ces insectes est un petit Hyménoptère, de la tribu des Chalcidites et du genre *Encyrtus*, qui sort de son corps vers le 18 juin, par un trou qu'il a percé dans la peau. La cochenille en nourrit plusieurs dans ses entrailles ; mais je n'en sais pas le nombre ; j'en ai recueilli une vingtaine de plusieurs gallinsectes renfermées dans une boîte. Ce Chalcidite est très petit ; il n'a pas un millim. de longueur ; sa tête est arrondie en devant, de la largeur du thorax et contiguë à celui-ci ; les antennes sont formées de onze articles dont le premier est long, renflé en dessous à l'extrémité, insérées vers le bas de la face ; les suivants vont graduellement en grossissant ; les trois derniers sont soudés ensemble et forment une massue ovale, allongée ; le corselet est cylindrique ; l'écusson grand ; l'abdomen, adossé au corselet, est de la largeur de ce dernier à la base, moins long que lui, un peu cordiforme ; les tibias intermédiaires sont un peu plus longs que les autres, et armés d'une forte épine à leur extrémité ; les ailes dépassent l'abdomen de la longueur de celui-ci ; la nervure sous-costale se réunit à la côte en un point et s'en sépare ensuite pour former le rameau stigmatique. Ces caractères placent ce Chalcidite dans le genre *Encyrtus* et dans la section des Annulicornes établie par Neés d'Essembeck. L'espèce a beaucoup d'analogie avec l'*Encyrtus punctipes*, et je la décrirai sous ce nom avec un point de doute.

Encyrtus punctipes? N. d. E. — Longueur, 3/4 millim. Les antennes sont noires, avec un anneau blanc formé de deux ou trois articles qui précèdent la massue ; elles sont insérées au bas de la face ; la tête est fauve, garnie de poils courts ; les yeux sont noirs ; le thorax et l'écusson sont fauves, garnis de poils courts ; l'abdomen est noir, garni de poils blancs très caducs sur les côtés ; les pattes sont noires, annelées de poils blancs, ou blanches annelées ou ponctuées de noir ; les ailes sont hyalines.

J'ai obtenu d'éclosion vingt de ces petits insectes.

Le 20 juin il a paru dans la boîte d'éducation au moins quinze autres Chalcidites du même genre *Encyrtus*, beaucoup plus grands que les premiers, ayant les antennes marquées d'un anneau blanc, formé des 7e et 8e articles et les ailes traversées par des bandes noires.

L'espèce ressemble beaucoup à *Encyrtus lunatus* N. d. E. et je la décrirai sous ce nom, mais avec doute.

Encyrtus lunatus? N. d. E. — Longueur, 1 3/4 mill. Il est d'un noir-verdâtre, luisant ; les antennes sont noires, avec les septième et huitième anneaux blancs, les trois suivants forment une massue ovale ; la tête est d'un fauve-pâle ; les yeux sont glauques ; le thorax est d'un noir-verdâtre, lisse, luisant en-dessus ; l'écusson est grand, arrondi en arrière, de la même couleur que le corselet ; l'abdomen est sub-sessile, lisse, luisant, cordiforme, terminé en pointe, d'un noir-verdâtre, quelquefois d'un noir-violet ; les pattes sont fauves ; les tibias postérieurs sont ornés de deux anneaux noirs dans quelques uns ; les ailes sont hyalines ; elles dépassent beaucoup l'abdomen et ont deux bandes transversales et l'extrémité noires.

Je ne sais si ces deux Encyrtus forment deux espèces bien distinctes, ou si ce sont les deux sexes de la même espèce, le *Lu-*

natus étant la femelle du *Punctipes*. Je ne les ai pas vus s'accoupler dans leur prison. Lorsqu'ils sont en liberté la femelle pique les cochenilles femelles qu'elle rencontre sur le fusain et pond dans leurs corps plusieurs œufs. Cette opération a lieu pendant le moi de juin ou celui de juillet. Après un certain temps d'incubation les larves éclosent, et les cochenilles les portent dans leur sein, où elles les nourrissent, jusqu'au printemps suivant; elles se changent alors en chrysalides, puis en insectes parfaits, qui prennent leur essor vers le 20 juin.

Outre les parasites que je viens de décrire il en a paru d'autres le 26 juin, mais d'une espèce différente; ce sont des petites mouches blanches de la famille des Athéricères, de la tribu des Muscides, de la sous-tribu des Hétéromyzides et du genre *Leucopis*. Ces mouches pondent leurs œufs dans le duvet blanc qui entoure la Gallinsecte au moment où elle fait sa ponte. Les larves qui en sortent mangent les œufs dans leur nid et se transforment en pupes dans le nid même d'où elles sortent après leur dernière méthamorphose. L'espèce est la *Leucopis tibialis*, Zett.

Leucopis tibialis, Zett.. — Longueur, 3 millim. Elles est blanchâtre; les antennes sont noires, surmontées d'une soie de la même couleur; les yeux sont marrons et leur orbite interne est blanc; les stemmates sont noirs; la trompe est d'un jaune très pâle et les palpes sont élargis; la tête est blanchâtre, arrondie en devant; le corselet est blanchâtre, marqué sur le dos de deux raies longitudinales noirâtres, de la largeur de la tête; l'abdomen est ovoïde, un peu déprimé, de la longueur de la tête et du corselet, blanchâtre, avec la base du premier segment et deux points sur le dos du deuxième noirs; les pattes sont blanchâtres et les tibias d'un fauve-pâle; les tibias antérieurs sont blanchâtres au milieu; les tarses sont d'un fauve-pâle; les ailes sont hyalines, à nervures noires; les nervures transversales sont assez rapprochées.

La femelle est munie d'un oviducte grêle, formé de trois articles cachés dans son abdomen, qu'elle fait sortir et qu'elle allonge pour introduire ses œufs sous la Gallinsecte.

Les Gallinsectes étant très apparentes au mois de mai on peut en débarrasser les Fusains, si on le juge convenable, en les enlevant de dessus les branches avec un couteau de bois ou en les écrasant ainsi que leurs œufs.

—

28. — **La Gallinsecte de l'Oranger** (1).

(Lecadium Hesperidum, Lin.)

Beaucoup de personnes riches ayant une serre tempérée cultivent des orangers dans des caisses : il suffit de les préserver de la gelée pour conserver ces arbres méridionaux et jouir de leurs fleurs; car il ne faut pas compter sur leurs fruits dans les régions centrales de la France. Il est très commun de voir ces arbres se couvrir de Gallinsectes, qui les affaiblissent, les épuisent, et les font bientôt mourir. M. le docteur Boisduval, dans son *Entomologie horticole*, s'exprime de la manière suivante sur cet insecte.

« Cette Gallinsecte, appelée par les jardiniers *Pou* ou *Punaise* de l'oranger, envahit toutes les variétés d'orangers et de citronniers, et même quelquefois ceux qui croissent en plein air dans nos départements méridionaux. Elle se présente sous la forme d'un corps ovalaire, presque hémisphérique, d'une couleur brune et un peu luisante. A son extrémité on aperçoit une fente servant à l'accouplement comme chez les espèces voisines, mais non à la sortie des excréments, puisqu'on n'en trouve aucune trace chez ces animaux. Si l'on exerce une petite pression sur la coque, on en fait

(1) *Chermes hesperidum*, B. D. — M. Boisduval donne le nom générique de *Chermes* aux Gallinsectes des genres *Lecanium* et *Aspidiotus*, adoptés par les entomologistes modernes et celui de *Adelges* aux pucerons qu'ils appellent *Chermes*.

sortir, par la fente en question, quatre filets blancs. Lorsque la femelle a terminé sa ponte, on ne trouve plus sous l'enveloppe qu'une grande quantité d'œufs reposant mollement sur un duvet blanchâtre. Les petits à leur sortie sont agiles et se promènent longtemps çà et là sur les feuilles avant de se fixer à demeure, ils se tiennent de préférence à la surface inférieure, on voit aussi souvent quelques individus sur la face opposée, alignés le long de la nervure médiane; mais c'est surtout sur les jeunes branches qu'on les rencontre en plus grande quantité. Ces insectes, lorsqu'ils sont abondants, déterminent une grande perte de sève qui épuise des arbres déjà languissants par une cause quelconque. Nous avons vu quelquefois des caisses d'oranger, ajoute M. Boisduval, dont la terre était mouillée par la sève qui tombait en rosée à sa surface. Outre cela ils poissent les feuilles d'une matière mielleuse qui attire les fourmis. Dans cette état les feuilles dont les fonctions respiratoires sont incomplètes, deviennent maladives et sont très disposées à être atteintes d'une autre maladie que les jardiniers appèlent la *fumagine*. C'est une mucédinée noire semblable à des taches produites par de la suie ou de la poussière de charbon, décrite par Person sous le nom de *Fumago Citri*. Aux environs de Nice ou de Cannes, cette fumagine est connue sous le nom de *Morfée*, et s'étend très souvent sur les fruits dont elle arrête le développement. Au reste, cette moisissure ne s'observe jàmais que sur les orangers rendus malades par les gallinsectes. »

Cette espèce est classée dans le genre *Lecanium ;* son nom entomologique est *Lecanium hesperidum* et son nom vulgaire *Gallinsecte de l'Oranger*, *Pou ou Punaise de l'oranger*.

28. *Lecanium hesperidum*, Lin. femelle. — Longueur, 2 mill. Le corps est brunâtre, en forme de bouclier, ayant le dos plus élevé, d'une couleur plus obscure, et de chaque côté, près du bord antérieur, deux lignes rayonnantes blanchâtres.

Mâle. Inconnu.

La Gallinsecte de l'Oranger ne vit pas exclusivement sur les arbres de cette famille, on la trouve aussi sur le myrte (*Myrtus communis*) et sur toutes les myrtacées, sur les grenadiers, etc.

On préserve les orangers cultivés en caisse de l'invasion des Gallinsectes et de la fumagine en leur donnant une bonne culture, en ne les laissant pas végéter dans une terre usée, en les rempotant tous les ans et en leur donnant de la terre neuve, en les arrosant modérément et en les nettoyant à l'automne et au printemps avec une brosse pour enlever la fumagine et pour les débarrasser des cochenilles qui peuvent s'y trouver.

Outre cette espèce on trouve sur les orangers, dans le midi de la France, deux autres Gallinsectes, savoir : *Lecanium Oleæ* et *Lecanium Aurantii* et le *Coccus Citri*.

—

29. — La Gallinsecte du laurier-rose.

(Aspidiotus Nerii, Bouché) (1).

Cette Gallinsecte est bien connue des jardiniers sous le nom de *Pou* ou de *Punaise* du Laurier-rose. Elles est très commune sur cet arbuste et envahit de préférence la face inférieure des feuilles ; les individus en sont tellement rapprochés qu'ils la couvrent presque entièrement.

On ne trouve que très rarement cet insecte sur les lauriers-roses croissant naturellement dans le midi au bord des ruisseaux, mais il attaque constamment ceux qui végètent péniblement en pots où qui ont souffert de la sécheresse, aussi bien en province qu'aux environs de Paris. Les arbustes envahis perdent leurs feuilles, se flétrissent et meurent bientôt, si on n'y porte promptement remède.

Cette Gallinsecte fait partie de la famille des Cocciniens et du genre *Aspidiotus*. Son nom entomologique est *Aspidiotus Nerii*, et

(1) Chermes Nerii, B. D.

son nom vulgaire *Gallinsecte du Laurier-rose*, *Pou ou Punaise du Laurier rose.*

29. *Aspidiotus Nerii,* Bouché. — *Femelle.* Longueur, 2-3 mill. Sa carapace est ovale, lenticulaire, légèrement bombée, d'une couleur blanchâtre, un peu ponctuée de jaunâtre, quelquefois roussâtre dans le milieu, plus grosse et plus bombée chez les femelles fécondées que chez les larves. Lorsque celles-ci sont débarrassées de leur enveloppe, elles sont un peu allongées, d'un jaune-pâle.

Mâle. Longueur, 1 1/2 mill. Le corps est jaunâtre, farineux en dessus; les antennes sont longues, sétacées, composées de sept articles; les ailes, au nombre de deux, sont hyalines, rugueuses; les deux balanciers sont horizontaux, de deux articles, le premier court, épais; l'abdomen est terminé par un appendice de sa longueur.

Dès que l'on s'aperçoit qu'un laurier-rose planté dans un pot ou dans une caisse commence à être envahi par cette Gallinsecte, on doit penser que la terre dans laquelle il végète est usée et qu'il n'est pas suffisamment arrosé. Il faut enlever le plus que l'on peut de cette terre et la remplacer par de la terre neuve et l'arroser abondamment. Au bout de peu de jours on verra l'arbuste reprendre de la vigueur et les Gallinsectes le quitter.

Si l'on a soin de rempoter tous les ans à l'automne les lauriers-roses, de couper le chevelu superflu des racines, de remplir la caisse de terre neuve et d'arroser abondamment tous les jours pendant l'été, on est sûr de les préserver des Gallinsectes.

Quoique le laurier-rose ne soit pas un arbuste de pleine terre dans le centre de la France, qu'il exige un abri contre la gelée, j'ai cru devoir parler des insectes qui lui portent préjudice parce qu'on le voit dans un grand nombre de jardins ou devant la porte d'un grand nombre de maisons dans tous nos départements.

30. — La Gallinsecte du Rosier.

(ASPIDIOTUS ROSÆ, Bouch.) (1).

Je n'ai jamais eu l'occasion d'observer cette Gallinsecte qui, selon M. le docteur Boisduval, est souvent très commune sur plusieurs variétés de rosiers. Voici ce qu'en dit ce naturaliste dans son *Entomologie horticole :* « Les jardiniers la désignent sous le nom de *Pou* ou de *Punaise blanche du Rosier*. Elle se présente sous la forme d'une substance blanche, écailleuse, qui couvre les branches de cet arbuste d'une espèce de croûte pulvérulente, assez dure, produite en partie par les vieilles enveloppes des Gallinsectes de l'année précédente et, en partie, par les jeunes qui se sont fixées dans leurs intervalles.

« La coque ou couverture de cet insecte est lenticulaire, un peu bombée dans son centre, d'une couleur crétacée. Quand, à la fin de l'été, on enlève la carapace à l'aide d'une aiguille, on trouve dessous la femelle, ou la larve, qui est d'un jaune-pâle ; si, au contraire, on fait cette opération en hiver, la ponte est terminée, et on ne trouve plus que des œufs d'un rouge brun. Ces œufs éclosent au printemps ; les petits restent sous leur mère jusqu'au moment où ils ont changé de peau. Ils sont alors tout-à-fait microscopiques ; ils se promènent sur les rameaux du Rosier et finissent par s'y fixer. » M. Boisduval ajoute : « Nous n'avons jamais pu obtenir un mâle ; mais il a été observé et décrit par Bouché. Selon cet auteur il est d'un rouge-pâle et un peu pulvérulent, avec les ailes comme dans les autres espèces. On reconnait sa coque qui, comme chez la Gallinsecte du Laurier-rose (*Lecanium Nerii*), est plus petite et plus allongée que celle qui doit produire la femelle.

« On se débarrasse facilement de cette vermine en faisant la taille de bonne heure et en nettoyant les branches restantes avec une

(1) Chermes rosae B. D.

brosse, avant l'évolution des bourgeons. Ces insectes étant peu adhérents, on fait aisément tomber leur coque et leurs œufs. »

La Gallinsecte du Rosier fait partie du genre *Aspidiotus* et porte le nom entomologique de *Aspidiotus Rosæ* et le nom vulgaire de *Gallinsecte du Rosier*, *Pou* ou *Punaise du Rosier*.

30. *Aspidiotus Rosæ*. Bouché. — *Femelle.* Longueur, 2 millim. Elle est ovale, rouge, ayant l'abdomen composé de sept segments, avec trois rangées de points enfoncés, et l'écusson blanc.

Mâle. — Longueur, 1 1/2 millim. Il est couleur de chair, couvert d'une matière blanchâtre ; les antennes sont sétacées, longues, composées de neuf articles, dont les deux premiers sont renflés ; les ailes, au nombre de deux, sont hyalines ; les balanciers sont horizontaux, composés de deux articles, dont le premier court, épais ; l'abdomen est terminé par un appendice de sa longueur.

—

31. — La Mouche-à-scie du Rosier.

(Hylotoma Rosæ, Lat.)

Les Rosiers ont quelquefois beaucoup à souffrir de la part des larves de la Mouche-à-Scie dont il s'agit présentement, surtout lorsqu'elles sont très nombreuses, car elles les dépouillent plus ou moins complétement de leurs feuilles. On voit l'insecte parfait sur ces arbustes dès le 15 mai, et on l'y rencontre aussi pendant tout le mois d'août. La femelle pond ses œufs sur les jeunes branches, c'est-à-dire les pousses de l'année dont l'écorce et le jeune bois sont très tendres. Pour faire cette opération elle commence par choisir la branche qui lui convient, puis se plaçant la tête en bas et le derrière du côté de l'extrémité, elle enfonce sa tarière dentée en scie dans l'écorce, y fait une courte fente longitudinale et déposeun œuf dans cette blessure. Elle retire alors sa tarière, fait un pas en avant, enfonce de nouveau son instrument dans l'écorce et pond un deuxième œuf. Elle continue ainsi jusqu'à ce qu'elle ait achevé sa ponte. C'est le matin, après le lever du soleil, qu'elle se met à travailler. De dix à onze heures, elles se repose et disparait pour revenir, sur les cinq heures du soir, continuer sa besogne. Les œufs, au nombre de quatre, cinq, six, et plus, se trouvent placés sur une ligne longitudinale, dans des petites fentes voisines, également espacés; ils sont collés dans la plaie par une gomme liquide qui les enduit au sortir de l'oviducte et maintenus par les deux lèvres de la blessure. Ils sont oblongs et de couleur jaune. La sève se trouve interrompue ou contrariée dans sa marche par les plaies et les corps étrangers que les branches contiennent; l'écorce voisine noircit, tandis qu'elle conserve sa couleur verte de l'autre côté où la sève coule librement. Dès le lendemain ou le surlendemain on s'aperçoit que les blessures commencent à se tuméfier et que les œufs augmentent de volume, et au bout de quatre ou cinq jours ils ont acquis le double de leur grosseur primitive; ils prennent de la nourriture en absorbant de la sève par leur enveloppe membraneuse extrêmement mince. Aussitôt que les petites larves sont écloses elles se répandent sur les feuilles voisines pour les ronger et s'en nourrir. Elles sont voraces et croissent assez rapidement. Elles mangent les feuilles en les attaquant par les bords et en les entamant jusqu'à la nervure médiane. Elles se tiennent contournées de différentes manières, tantôt prenant la forme d'un S, tantôt celle d'un crochet, en courbant en bas leur extrémité postérieure.

Lorsque cette larve a pris toute sa croissance elle a de 18 à 20 millim. de longueur. Elle est en dessus d'une couleur jaunâtre qui tire sur la feuille morte et toute couverte de petits tubercules noirs de chacun desquels sort un poil; les côtés et le dessous sont verts; elle est pourvue de dix-huit pattes; les quatrième, dixième et onzième segments en sont dépourvus ; les six pattes écailleuses ou thoraciques sont terminées par deux crochets ; la tête est jaune et les yeux noirs.

Dès qu'elle cesse de manger, elle descend du rosier sur lequel elle a vécu et s'enfonce dans la terre à son pied. Elle s'établit dans une petite cavité et travaille à se renfermer dans un double cocon de soie qu'elle file avec sa bouche ; le premier ou l'extérieur d'un testacé jaunâtre, à mailles assez larges, d'une soie grossière et forte, et pourvue d'élasticité ; le second ou l'intérieur, d'une soie fine, blanchâtre, d'un tissu serré et mollet. Ces deux cocons, placés l'un dans l'autre et se touchant par tout leur contour, ne sont pas adhérents entre eux. C'est là que la larve se change en chrysalide à l'abri de la pluie et de l'humidité qui ne peuvent l'atteindre, et ensuite en insecte parfait.

Puisque l'on voit cette mouche sur les rosiers à la mi-mai et qu'on l'y retrouve encore pendant tout le mois d'août, et le commencement de septembre, on doit en conclure qu'elle a deux générations dans l'année, l'une printanière, qui pond sur les pousses de mai, et l'autre, estivale, qui dépose ses œufs sur les pousses d'août. Cette dernière passe l'hiver dans la terre à l'état de larve, dans son double cocon, qui la préserve des intempéries de cette saison rigoureuse.

Cet insecte fait partie de l'ordre des Hyménoptères, de la famille des Porte-scie, de la tribu des Tenthrédines et du genre *Hylotoma*. Son nom entomologique est *Hylotoma Rosæ* et son nom vulgaire *Mouche-à-Scie du Rosier*.

31. *Hylotoma Rosæ*. Lat. — Longueur, 6-7 millim. Les antennes sont noires, formées de trois articles, le troisième en massue très allongée chez la femelle ; filiforme et velu chez le mâle ; la tête est noire, transverse, avec les palpes jaunes ; le corselet est d'un jaune-d'ocre ayant le dessus et le sternum noirs ; l'abdomen est jaune-d'ocre, ovalaire, épais chez la femelle, cylindrique et plus

mince chez le mâle; les pattes sont jaunes, avec l'extrémité des tibias postérieurs et celle des articles de tous les tarses noire; les ailes sont transparentes, sans taches, jaunes depuis la base jusqu'au milieu, hyalines à l'extrémité; les nervures sont jaunâtres, mais la côte et le stigma sont noirs; les supérieures sont pourvues d'une cellule radiale et de quatre cellules cubitales dont les deuxième et troisième reçoivent chacune une nervure récurrente.

On peut faire utilement la chasse à cette Mouche-à-scie lorsqu'elle est à l'état de larve et qu'elle commence à se répandre sur les feuilles des rosiers et à les ronger, ce qui se remarque bientôt. On peut la prendre à la main si elle n'est pas en grand nombre, et dans le cas contraire secouer les rosiers qui en sont chargés sur une nappe de toile étendue à leur pied, et écraser toutes les larves qui seront tombées. Si en visitant les rosiers on aperçoit sur leurs branches les dépôts d'œufs pondus par la femelle on ne manquera pas de les écraser.

On n'a pas encore signalé de parasites de cette espèce.

M. le docteur Boisduval indique un moyen simple et facile de faire la chasse à l'insecte parfait. Il consiste à planter quelques pieds de persil à proximité des rosiers. L'Hylotome, lorsqu'elle est éclose, abandonne les rosiers vers le milieu de la journée pour se nourrir sur d'autres plantes, mais elle recherche particulièrement les fleurs de persil, sur lesquelles elle se plait à butiner. On en peut prendre chaque jour un nombre considérable sur ces fleurs.

—

32. — **La Mouche-à-Scie villageoise.**

(Hylotoma Pagana, Lat.)

Les larves de la Mouche-à-Scie villageoise rongent les feuilles des rosiers dans les jardins et y causent du dégât en proportion de leur nombre. On les y trouve dans la première quinzaine de juillet répandues sur les feuilles voisines les unes des autres. Elles sont sorties d'œufs déposés par la femelle sur les jeunes pousses qui ont acquis de la consistance. Lorsque celle-ci veut pondre elle choisit la branche qui lui convient et, se plaçant la tête en bas, elle fend, avec sa tarière, l'écorce sur une petite étendue dans le sens longitudinal, et dépose dans la blessure deux œufs l'un à côté de l'autre. Elle avance ensuite d'un pas et allonge la fente dans laquelle elle place deux nouveaux œufs. Elle continue ainsi jusqu'à ce que sa ponte soit achevée; en sorte que les œufs sont placés sur deux lignes longitudinales, parallèles, et sont maintenus par une liqueur gommeuse qui les enduit au sortir de l'oviducte et par les lèvres de la plaie. Peu de temps après la ponte, les œufs se gonflent et la fente s'élargit; les petites larves éclosent et montent sur la feuille la plus proche du nid, dont elles rongent les bords, et de là sur les feuilles voisines. Dans les premiers temps de leur vie elles sont d'un vert très pâle et les points noirs qui couvrent leur corps sont peu apparents; mais en grandissant elles changent plusieurs fois de peau et deviennent d'un vert plus foncé. Quand elles mangent, leur corps est étendu, mais très souvent la partie postérieure est courbée en dessous ou relevée. Lorsqu'elles se reposent elles se roulent volontiers en spirale.

Cette larve a 18 à 20 millim. de longueur dans sa plus grande taille. Elle a la tête jaune, le dos vert-foncé, les côtés et le ventre d'un vert-tendre; le dos est couvert de points noirs verruqueux pilifères, rangés en lignes régulières longitudinales et transversales ; on compte sur chaque segment deux rangées transversales de six points chacune, excepté sur les trois segments thoraciques où la deuxième ligne n'a que quatre points; de chaque côté du corps règne une ligne de gros points noirs, au nombre de dix, dont trois sur le thorax et sept sur l'abdomen; ces points ou taches sont saillants et accompagnent les stigmates qui ne sont cependant qu'au nombre de neufs paires; le dernier segment porte une tache noire en dessous; de chaque côté de la tête on distingue une petite tache noire que l'on regarde comme un œil ; les pattes, thoraciques ou écailleuses, sont noires, tachées de vert ; les membraneuses, au nombre de dix, bien apparentes, sont vertes, tachées de noir ; à leur suite vient une paire de très petites pattes, et le dernier segment présente en dessous un pied qui ne paraît pas divisé ; ce qui fait en tout dix-huit pattes sans compter le pied anal.

Cette larve, parvenue à toute sa croissance vers le 23 juillet, se renferme dans un cocon de soie blanche, d'un tissu peu serré, dans lequel elle se change en chrysalide. Dans les boîtes d'éducation, ce cocon est placé entre les feuilles données à la larve pour sa nourriture. L'insecte parfait perce sa prison avec ses dents et se met en liberté vers le 6 août.

Il se range, comme le précédent, dans la famille des Porte-Scie, la tribu des Tenthrédines et dans le genre *Hylotoma*. Son nom entomologique est *Hylotoma pagana*, et son nom vulgaire *Mouche-à-Scie villageoise*.

32. *Hylotoma pagana*, Lat. — Longueur, 7 mill. Les antennes sont noires, formées de trois articles, dont le troisième très long, comparativement aux autres, va en s'épaississant en massue à son extrémité ; la tête, le thorax et les pattes sont d'un bleu-violet-noirâtre ; l'abdomen est jaune ; les ailes sont brunâtres, avec la côte, le stigma d'un noir-bleu et les nervures noires ; les supérieures sont pourvues d'une cellule radiale et de quatre cellules cubitales dont les deuxième et troisième reçoivent chacune une nervure récurrente.

La femelle se distingue du mâle par la courte tarière qui termine son abdomen et par ses antennes dont la tige, d'un seul article, forme une massue allongée, tandis que chez le mâle la tige est filiforme et velue.

La larve de cette Tenthrédine est exposée aux atteintes d'un parasite qui introduit, a l'aide de sa tarière, un œuf dans son corps. La larve qui sort de cet œuf se nourrit, croît, se développe dans le corps de la fausse-chenille sans l'empêcher de grandir et de filer son cocon; mais on voit sortir de ce cocon, vers le 5 septembre, un Ichneumonien au lieu d'une Mouche-à-Scie que l'on attendait. Ce parasite fait partie de la famille des Pupivores, de la tribu des Ichneumoniens et du genre *Scolobates*, et se rapporte au *Scolobates crassicornis*.

Scolobates crassicornis, Grav. — Longueur, 6 millim. Les antennes sont un peu plus longues que le corps, filiformes, noirâtres à la base, fauves à l'extrémité; les premier et deuxième articles sont noirs en dessus, tachés de blanchâtre en dessous; la tête est transverse, échancrée en arrière en dessus; le dessous, la face et les joues sont d'un fauve-ferrugineux; les mandibules sont fauves avec la pointe noire; les yeux sont bronzés (vivant), noirâtres (mort); le thorax est noir-luisant et le métathorax arrondi; l'écusson n'a pas de saillie; l'abdomen est très courtement pédiculé; le premier segment est noir-luisant en dessus, fauve en dessous, taché de fauve à l'extrémité en dessus; les deuxième et troisième sont d'un fauve-ferrugineux; les quatrième, cinquième et sixième noirs en dessus; le septième est noir; les hanches et les trochanters sont noirs; les pattes fauves, sauf les tibias et les tarses postérieurs qui sont noirs; les premiers ayant un anneau fauve à la base et les derniers étant épaissis; les ailes sont hyalines, à nervures, côte et stigma noirs; les supérieures présentent une cellule radiale et deux cellules cubitales; la nervure disco-cubitale est courbe et la récurrente interstitiale.

On ne connaît pas d'autre moyen de combattre cette Mouche-à-Scie que de lui faire la chasse sur les rosiers, en écrasant ses œufs si on les trouve, en s'emparant des larves répandues sur ces arbustes et de l'insecte lui-même si on peut le saisir, et de les tuer.

L'insecte parfait se montrant à la fin de mai et pendant le mois de juin et encore pendant le mois d'août, on est porté à penser qu'il a deux générations chaque année, l'une au printemps, l'autre en automne, et que les larves de cette seconde génération passent l'hiver dans la terre et dans leurs cocons plus épais, plus serrés que ceux qu'elles filent dans les boîtes d'éducation. Je conjecture qu'ils sont doubles, c'est-à-dire, formés de deux cocons placés l'un dans l'autre.

33. — La Mouche-à-Scie difforme.

(Cladius difformis, Lat.)

Pendant le mois de mai on trouve sur les rosiers une fausse-chenille ou larve de Tenthrédine qui en ronge les feuilles et qui y produit de grands ravages dans les années où elle est nombreuse. Elle semble préférer ceux de Bengale, mais faute de ces derniers elle mange très bien les feuilles des autres espèces ou variétés de cet arbuste. Lorsqu'elle est arrivée à toute sa croissance dans la deuxième quinzaine de juin elle a environ 8 à 9 millim. de longueur. Elle est cylindrique et pourvue de vingt pattes; sa couleur est un vert-pâle; sa tête est ferrugineuse, marquée de chaque côté d'une tache noire où se trouvent les yeux; de chaque côté du corps et sur chaque segment s'élève un petit tubercule pilifère, dont les poils sont également disposés en houppe et de la même couleur que ceux du corps; les trois derniers segments n'ont pas ce tubercule latéral; les six pattes écailleuses tiennent aux trois premiers segments; les douze membraneuses sont réparties sur les cinquième, sixième, septième, huitième, neuvième et dixième, et les deux dernières, beaucoup plus petites que les autres, se trouvent à l'extrémité du dernier segment.

Ayant pris toute sa taille à la fin de juin, elle se dispose à se changer en chrysalide, et pour cela elle se réfugie dans l'intérieur d'une feuille de rosier qu'elle a pliée en deux et se renferme dans un cocon oval, tissu d'une soie fine, jaunâtre, d'une consistance peu solide. Elle subit sa métamorphose dans la retraite qu'elle s'est créée, et l'insecte parfait s'en échappe quinze jours après, par une ouverture qu'il a pratiquée dans le cocon à l'aide de ses dents.

Cet insecte est classé dans l'ordre des Hyménoptères, dans la famille des Porte-scie, dans la tribu des Tenthrédines et dans le genre *Cladius*. Son nom entomologique est *Cladius difformis*, et son nom vulgaire *Mouche-à-Scie difforme*.

33. *Cladius difformis*, Lat. — Longueur, 5 millim. Il est noir; la tête est noire, un peu plus large que le corselet; les antennes sont noires et vont en diminuant un peu de grosseur de la base à l'extrémité; elles sont formées de neuf articles dont les troisième, quatrième, cinquième et sixième émettent un rameau velu de plus en plus court, le sixième étant extrêmement court; les suivants sont aussi velus; le corselet et l'abdomen sont noirs, ce dernier est cylindrique; les pattes sont d'un blanc-jaunâtre avec la base des cuisses noire sur les 2/3 de leur longueur; les ailes sont transparentes, légèrement jaunâtres, avec les nervures et le stigma noirs; les supérieures sont pourvues d'une grande cellule radiale et de trois cellules cubitales presqu'égales, dont les première et deuxième reçoivent chacune une nervure récurrente.

La femelle se distingue du mâle par ses antennes dépourvues de rameaux, mais ayant de légères dents en dessus, formées par le prolongement de l'angle supérieur de l'extrémité des articles moyens.

On voit cet insecte sur les rosiers à la fin du mois de juin, pendant tout le mois de juillet et le commencement d'août. Le temps qu'il passe sous la forme de chrysalide n'est guère que de huit à dix jours.

Je ne sais pas sur quelle partie du rosier la femelle dépose ses œufs, ni le temps qu'ils mettent à éclore. Je soupçonne que c'est de cette Mouche-à-Scie que parle Réaumur dans le cinquième volume de ses *Mémoires*, lorsqu'il s'occupe des Mouches à-scie et qu'il dit qu'il en a remarqué une de petite taille, entièrement noire, n'ayant de blanc que la partie moyenne de chaque jambe, et qui, dès le mois d'avril, pond ses œufs sur la nervure principale des jeunes feuilles alors très tendres et n'en place qu'un sur chaque feuille.

On ne connait pas d'autre moyen de s'opposer aux ravages de cet insecte que de faire la chasse à ses larves pendant les mois de mai et de juin. Comme elles vivent à découvert et rongent les feuilles, on les voit facilement, et on peut les prendre ou les tuer. On ne devra pas manquer d'écraser les chrysalides renfermées dans les cocons cachés dans les feuilles pliées en deux.

Les parasites de cette espèce n'ont pas été signalés.

—

34. — La Mouche-à-Scie du Chèvrefeuille.

(TENTHREDO LONICERÆ, G.)

Cette Mouche-à-Scie est commune dans toute la France, selon M. le docteur Boisduval, et sa larve est facile à élever en captivité. Elle a été très bien étudiée par de Géer, celèbre entomologiste suédois de XVIIIe siècle. Voici ce qu'il en dit (1): « Aux mois d'août et de septembre, j'ai trouvé en Hollande, sur le Chèvrefeuille, des fausses-chenilles assez grosses, qui y étaient en abondance. Elles ne cherchent point à se cacher, elles se tiennent constamment sur le dessus des feuilles, dans une situation où le corps est toujours roulé en spirale ; elles restent dans cette attitude depuis le matin jusqu'au soir, dans un état parfait de repos ; ce n'est que pendant la nuit qu'elles se mettent à marcher et à manger les feuilles de l'arbuste.

« Les fausses chenilles ont environ 22 millim. de longueur ; leur corps est d'un blanc-sale ou couleur de perle-cendré ; tout le

(1) De Géer. t. II. p. 251. pl. 34. f. 9-18.

long du dos il y a une suite de onze taches brunes, grandes et bien marquées, qui sont à peu près de forme triangulaire ; le sommet du triangle est du côté de la tête; les deux angles de la base ont chacun un petit appendice tourné en dedans et la base même ne va pas en ligne droite, mais elle a au milieu une petite pointe saillante; entre toutes ces grandes taches on en voit d'autres beaucoup plus petites, mais toutes de couleur brune ; la tête est d'un brun-obscur et le corps est tout garni de rides transversales ; ces fausses-chenilles ont vingt-deux pattes.

« Lorsque le temps approche où elles doivent entrer en terre pour se transformer, elles changent de peau pour la dernière fois, mais sans perdre leur première figure ; mais alors leurs couleurs sont si changées qu'on a peine à les reconnaître. Après cette mue elles sont d'un jaune-pâle couleur d'ocre, tirant sur le rouge, et leur peau est comme transparente; sur leur dos on ne voit que des vestiges très faibles des taches triangulaires brunes. Elles ne mangent plus alors et en moins de vingt-quatre heures elles entrent dans la terre. C'est vers la fin de septembre qu'elles exécutent cette opération. Elles s'y construisent chacune une coque ovale, composée de grains de terre liés ensemble avec de la soie et dont l'intérieur est tapissé d'une couche de pure soie. La fausse-chenille reste sous sa forme pendant l'hiver et le printemps et ce n'est que peu de temps avant sa métamorphose en insecte parfait qu'elle se change en chrysalide. Elle sort de terre, sous la forme parfaite, au commencement du mois de juillet. »

M. le docteur Boisduval ajoute des détails plus étendus que les précédents sur la fausse-chenille en question. On commence à l'apercevoir sur les feuilles des chèvrefeuilles (*Lonicera caprifolium*, *periclymenum*, *etc.*) vers le milieu de mai. A cette époque elle n'a pas encore changé de peau; elle est d'un gris-sale, avec la tête noire; après la première mue son dos est plus obscur, avec les côtés presque blanchâtres; au deuxième changement de peau sa couleur devient beaucoup plus claire; elle offre alors une série dorsale de taches triangulaires noires et sur tout son corps un petit pointillé blanc; elle subit encore une mue à la suite de laquelle elle devient d'un gris-verdâtre ou presque couleur de chair, sans aucune modification dans le dessin. Lorsqu'à la fin de juin elle est arrivée à sa grosseur, elle se laisse tomber à terre, entre dans le sol peu profondément, et s'y construit une coque dans laquelle elle subit ses dernières métamorphoses. L'insecte parfait en sort ordinairement six semaines après; mais tous les individus n'éclosent pas en été; il y en a qui restent dans leur coque jusqu'au printemps. Ceux qui naissent en août produisent une seconde génération de fausses-chenilles qui entrent en terre en automne.

L'insecte parfait est classé dans la famille des Porte-Scie, dans la tribu des Tenthrédines et dans le genre *Tenthredo*. Son nom entomologique est *Tenthredo Lonicerœ*, et son nom vulgaire *Mouche-à-Scie du Chèvrefeuille*. Voici la description qu'en donne de Géer.

34. *Tenthredo Lonicerœ*, G. — Longueur, 11 millim. Le corps est tout noir, lisse ou sans poils, mais le ventre a en dessus trois raies transversales d'un jaune-citron; la première de ces raies se trouve proche du corselet, mais les deux autres sont plus proches du derrière et placées l'une tout près de l'autre. Ces raies ou bandes ne s'étendent que sous une partie du dessous du ventre, au milieu duquel il y a une certaine distance entr'elles. Au reste, le ventre a en dessous quelques petites taches jaunes et le devant du corselet a de chaque côté une petite raie de la même couleur; le ventre se termine en cône, et il est brun à l'extrémité; les antennes sont noires, mais les pattes sont d'un jaune couleur d'ocre, et sur les cuisses il y a des nuances noires; les ailes ont une forte teinte de brun.

Les antennes sont environ de la longueur du corselet; elles sont en filets grainés assez gros et leur grosseur est égale dans toute leur étendue. Elles sont divisés en neuf articles, dont les deux premiers sont beaucoup plus courts que le troisième, et les autres diminuent toujours de longueur en approchant de l'extrémité (1).

---

35. — La Mouche-à-Scie à ceinture rousse.

(EMPHYTUS RUFOCINCTUS, Klug.)

De Géer nous a laissé l'histoire de cette Mouche-à-Scie, dont la larve vit sur les rosiers (2). On l'y trouve au mois d'août, et elle mange les feuilles en les rongeant par les bords. Elle est de grandeur médiocre, longue de 19 à 20 millim. et pourvue de vingt-deux pattes; la tête est d'un jaune couleur d'ocre, avec deux yeux noirs; le corps est en dessus d'un vert-foncé un peu grisâtre, mais en dessous et le long des côtés il est d'un blanc-sale-grisâtre ou bien d'une couleur agathe-pâle et blanchâtre; cette partie du corps est un peu transparente; toutes les pattes sont de cette même couleur

(1) De Géer rapporte cette Mouche-à scie à la *Tenthredo rustica*, Lin., ce qui est probablement une erreur, puisque cette dernière a les antennes légèrement en massue (*subclavatis*) et les deux bandes jaunes postérieures interrompues (*Cingulis posticis duobus interruptis*); ces deux caractères sont contraires à la description et aux figures données par de Géer.

M. le docteur Boisduval rapporte la même espèce à la *Tenthredo tricincta*, Fab., ce qui pourrait bien être inexact; car cette dernière a le premier article des antennes fauve, le chaperon et l'anus jaunes; ce qui ne peut s'accorder avec la description de l'auteur suédois, trop exact observateur pour s'être trompé sur des caractères aussi importants.

C'est par suite de ces remarques que j'ai nommé cette Mouche-à-Scie *Tenthredo Lonicerœ*. J'avoue cependant qu'il faudrait élever cette espèce, voir la larve et l'insecte parfait, pour prononcer sûrement sur les doutes que l'on vient d'exprimer.

(2) De Géer. t. II, p. 967. pl. 35. fig. 14-18.

pâle; le corps, surtout en dessus, est parsemé de plusieurs petits grains durs, coniques, très blancs, qui rendent la peau comme un peu chagrinée; ces grains sont rangés en lignes transversales sur les rides de la peau qui y sont en grand nombre. Cette fausse-chenille, lorsqu'elle est au repos, se tient sur une feuille de rosier et se roule en spirale, ayant sa queue au centre du rouleau et sa tête à la circonférence. Si on la touche elle se laisse tomber brusquement. L'habitude de se rouler en spirale est commune à beaucoup de larves de Tenthrédines et leur est facilitée par les petits anneaux dont chacun de leurs segments est composé; on en peut compter quatre ou cinq sur chacun d'eux.

Cette fausse-chenille continue à ronger les feuilles de rosier jusque vers la fin du mois de septembre. Lorsqu'elle n'a plus besoin de nourriture elle abandonne l'arbuste pour se rendre à terre où elle se tient tout simplement cachée un peu au-dessous de la superficie; elle ne file pas de cocon et reste à nu pendant l'hiver et jusqu'au printemps; elle se transforme en chrysalide au mois de mai et en insecte parfait au mois de juin.

La chrysalide est allongée, peu grosse, d'une couleur verdâtre-claire, ayant les pattes et les antennes blanchâtres, les yeux bruns et les mâchoires de cette dernière couleur.

L'insecte parfait est classé dans la famille des Porte-Scie, la tribu des Tenthrédines et dans le genre *Emphytus*, formé d'une partie des *Dolerus* de Saint-Fargeau. Son nom entomologique est *Emphytus rufocinctus*, et son nom vulgaire *Mouche-à-Scie* ou *Tentrède à ceinture rousse.*

35. *Emphytus rufocinctus*, Klug. — Longueur, 11 millim. Il est long et grêle; les antennes sont noires, filiformes, composées de neuf articles, dont les deux premiers sont courts, le troisième très long, et les trois ou quatre derniers vont graduellement en s'amincissant; la tête est noire, transverse; le corselet est noir, de la largeur de la tête et ovalaire, l'abdomen est subcylindrique, un

peu moins large que le corselet, deux fois aussi long que ce dernier et la tête réunis, noir, avec les quatrième, cinquième, et la base du sixième segment fauves; les cuisses sont noires avec la base et l'extrémité blanches; les tibias et les tarses sont fauves; les ailes sont hyalines, atteignant presque l'extrémité de l'abdomen; les nervures et le stigma sont noirâtres; les supérieures sont pourvues de deux cellules radiales et de trois cubitales, dont les deux premières reçoivent chacune une nervure récurrente; la tarière de la femelle est noire.

M. le docteur Boisduval dit que cette espèce est plutôt rare que commune dans les cultures de rosiers à Paris, et qu'on la considère comme occasionnant peu de dégâts. Il ajoute qu'il en a trouvé deux exemplaires, il y a deux ans (1864), sur un rosier, dans un jardin à Montrouge.

—

36. — **La Mouche-à-Scie à ceinture.**

(EMPHYTUS CINCTUS, Klug.)

M. le docteur Boisduval, dans son *Entomologie horticole*, donne les détails suivants sur la Mouche-à-Scie à ceinture. « Cette espèce s'éloigne de toutes les précédentes par les mœurs de sa larve, qui vit dans les tiges des rosiers dont elle ronge le canal médullaire. On l'y trouve, dans le mois de mars, arrivée à toute sa taille et même déjà renfermée dans son cocon. Pendant le mois de mai on l'y rencontre encore, mais très petite, et provenant de la ponte qui a eu lieu en avril ou au commencement de mai. Lorsqu'elle est jeune, elle est d'un gris verdâtre étiolé. Après le premier changement de peau elle devient d'un vert plus obscur sur le dos, avec les côtés grisâtres; la tête est fortement pointillée et l'on aperçoit sur son dernier anneau une petite pointe, qui doit lui servir à avancer dans sa galerie, qu'elle creuse et élargit à mesure qu'elle grossit et dans laquelle elle chemine la tête en bas; on trouve jusqu'à six individus à la suite l'un de l'autre dans la même tige.

« Le cocon dans lequel elle se renferme est ovale et est formé d'une soie blanche. L'insecte parfait en sort dans le mois de mai. Il y a cependant des larves qui se transforment plus tard.

« Cet insecte fait partie de la famille des Porte-Scie ou Tenthrédines et du genre *Emphytus*, formé d'une partie des *Dolerus* de Saint-Fargeau. Son nom entomologique est *Emphytus cinctus*, et son nom vulgaire *Mouche-à-Scie à ceinture.* »

36. *Emphytus cinctus*, Klug. — Longueur, 8 millim. Les antennes sont noires, filiformes, de la moitié de la longueur du corps; la tête est noire, transverse; les mandibules, les palpes sont aussi de cette couleur; le thorax est noir, marqué de deux points blancs sous l'écusson; l'abdomen est de la largeur du thorax, deux fois aussi long que ce dernier et la tête réunis, terminé en pointe, de couleur noire, marqué d'une légère incision à l'extrémité dorsale du premier segment et d'une bande blanche sur le cinquième; les pattes sont testacées, avec la base des cuisses largement noire; les genoux sont blancs ainsi que les trochanters postérieurs; les ailes sont hyalines, dépassant un peu l'abdomen; les supérieures ont le stigma et les nervures bruns, deux cellules radiales égales, et trois cellules cubitales, dont la première reçoit la première nervure récurrente, la deuxième reçoit la deuxième récurrente et la troisième est fermée par le bord de l'aile.

La femelle de cette Tenthrède, lorsqu'elle est fécondée, fait au commencement de mai ou même à la fin d'avril une petite entaille aux pousses encore herbacées du rosier, dans laquelle elle introduit un œuf et répète plusieurs fois cette opération sur la même pousse. Aussitôt que les petites larves sont écloses, elles pénètrent dans le canal médullaire, où elles creusent une galerie descendante, de sorte que l'on voit d'abord l'extrémité de la pousse se faner et successivement les feuilles placées au-dessous jusqu'à ce que ces larves soient arrivées dans une partie tout-à-fait ligneuse, où rien ne décèle plus leur présence, si ce n'est l'état un peu languissant de la branche. Il arrive quelquefois que le rameau rongé se brise au premier coup de vent.

La Tenthrède à ceinture est commune dans les jardins, chez tous les rosiéristes de Paris. Je ne l'ai pas remarquée à Santigny.

Pour la détruire, il faut, avant la fin de mai, enlever avec soin les pousses de rosier dont le sommet commence à se flétrir et les couper au-dessus des feuilles malades.

—

37 et 38. — **Les Mouches-à-Scie de la Centfeuille et de la Rose.**

(ATHALIA CENTIFOLIÆ, Panz. ; — ROSÆ, Lin)

Dans l'ouvrage de M. le docteur Boisduval, cité plusieurs fois, on apprend qu'il existe, outre les espèces mentionnées dans les articles précédents, plusieurs espèces de Mouches-à-Scie qui vivent sur les rosiers, entr'autres les deux dont les noms sont en tête de cet article. Je n'ai pas eu l'occasion de les rencontrer sur cet arbuste et de les étudier dans le détail de leur vie et je dois me borner à rapporter ce qu'en dit ce savant.

La Tenthrède de la Centfeuille à été décrite par Fabricius sous le nom de *Tenthredo Spinarum*. Selon quelques auteurs elle est, dans certaines contrées de l'Allemagne, très nuisible aux rosiers. Dans les environs de Paris, où elle n'est pas rare, elle ne se trouve pas ordinairement sur les rosiers, elle n'attaque que les Crucifères, les choux, les navets et les colzas.

Les fausses-chenilles de cette Mouche à-Scie ont vingt pattes (1) elles sont d'un vert-sale, légèrement chagrinées, avec une raie

(1) Les larves des *Athalias* ont ordinairement vingt deux pattes. Il y aurait ici une exception qui aurait besoin d'être vérifiée.

dorsale plus foncée, s'effaçant complètement au moment de la métamorphose. Pour se chrysalider elles entrent dans la terre et l'insecte parfait se montre d'abord en juin, puis en septembre pour la seconde fois.

Cette Tenthrédine est classée dans le genre *Athalia*. Son nom entomologique est *Athalia Centifoliæ*, et son nom vulgaire *Mouche à-Scie de la Centfeuille; Tenthrède de la Centfeuille*.

37. *Athalia Centifoliæ*, Panz. — Longueur, 7 millim. Les antennes sont noires, un peu testacées en dessous, formées de dix articles allant un peu en grossissant à partir du deuxième ; la tête est noire, transverse ; les palpes sont pâles ; les mandibules blanchâtres avec la pointe brune ; le labre et le chaperon sont blancs et poilus ; les yeux et les stemmates noirs ; le corselet est d'un jaune-fauve, marqué en dessus de deux grandes taches noires triangulaires, luisantes, occupant les lobes latéraux du dos ; l'abdomen est ovalaire, sessile, de la longueur de la tête et du corselet, de la largeur de ce dernier, d'un jaune-fauve ; les ailes dépassent l'abdomen ; les supérieures ont la côte et le stigma noirs et les nervures jaunes ; elles sont transparentes et jaunâtres depuis la base jusqu'au stigma ; elles sont pourvues de deux cellules radiales et de quatre cellules cubitales dont les deuxième et troisième reçoivent chacune une nervure récurrente ; les pattes sont d'un jaune-fauve avec l'extrémité des tibias et des articles des tarses noires ; la tarière de la femelle est noire.

Selon Klug et Hartig, célèbres entomologistes Allemands, cette Mouche-à-Scie est très commune dans les jardins de la Prusse sur les buissons de Rosiers.

En 1866, M. le docteur Aubé m'a donné un individu de l'*Athalia Centifoliæ*, ainsi que le cocon d'où il était sorti. Ce cocon est ovale, long de 7 à 8 millim. Il est formé d'un tissu serré et fin de soie blanche recouvert de parcelles de terre sablonneuse. L'insecte en est sorti le 25 avril. La larve avait vécu sur un chou de Chine.

Tenthrède de la Rose. Il ne faut pas confondre cette espèce avec l'Hylotome des rosiers, décrite précédemment, qui lui ressemble un peu au premier coup d'œil. Les femelles des Tenthrèdes de la Rose déposent leurs œufs dans une petite entaille qu'elles font à la nervure médiane des feuilles des rosiers. Les fausses-chenilles ont vingt-deux pattes ; elles sont en dessus d'un vert obscur, plus clair sur les côtés et sur le ventre, avec la tête rousse. Lorsqu'elles ont acquis toute leur croissance elles se laissent tomber et se construisent chacune une petite coque dans la terre. Celles de lapremière génération, que l'on trouve à la fin de juin ou au commencement de juillet, donne l'insecte parfait en août ; celles de la seconde époque passent l'hiver en terre, et la mouche se montre en mai. Les fausses-chenilles de la Tenthrède de la Rose ont une manière de manger qui les distingue des autres espèces propres à cet arbuste. Elles ne dévorent pas les feuilles comme celles de l'Hylotome ; elles rongent la parenchyme, et laissent toutes les nervures et l'épiderme d'un côté complètement intacts, de telle sorte que les feuilles ressemblent à une gaze légère.

L'insecte parfait est compris, comme le précédent, dans le genre *Athalia*. Son nom entomologique est *Athalia Rosæ*, et son nom vulgaire *Mouche-à-Scie de la Rose*, *Tenthrède de la Rose*.

38. *Athalia Rosæ*, Lin. — 6-7 mill. Les antennes sont noires, quelquefois testacées en dessous, formées de dix articles qui vont en augmentant d'épaisseur à partir du deuxième ; la tête est noire, avec le labre et l'extrémité du chaperon blancs ; les mandibules sont blanches à extrémité brune ; les palpes blancs ; le corselet est noir en dessus ; les côtés et le dessous sont fauves ; la poitrine est marquée de deux points noirs, et l'on voit deux points jaunâtres au-dessous de l'écusson ; l'abdomen est fauve, de la longueur de la tête et du corselet, de la largeur de ce dernier, quelquefois un peu brunâtre vers l'extrémité ; les pattes sont fauves avec l'extrémité des tibias et des articles des tarses noire ; le noir man-

que aux tibias antérieurs et moyens et est légèrement marqué aux tarses correspondants; les ailes sont transparentes, lavées de jaune, avec la côte et le stigma épais, très noirs et les nervures jaunes à la base; les supérieures sont pourvues de deux cellules radiales et de quatre cellules cubitales dont les deuxième et troisième reçoivent une nervure récurrente.

On rencontre fréquemment l'*Athalia Rosæ*, pendant les mois de mai et de juin, sur les plantes aquatiques qui croissent dans les ruisseaux, particulièrement sur le Beccabunga (*Veronica Beccabunga*).

—

39. **Le Petit-Papillon blanc du Chou.**

(Pieris Rapæ, Fab.)

Le Réséda (*Reseda odorata*) est une des plantes le plus généralement cultivées dans les jardins et les parterres et dont la fleur laisse échapper l'odeur la plus suave, qui se répand au loin et embaume les environs. On le cultive aussi en pot et on l'élève sur tige comme un arbuste en miniature. Il fleurit pendant tout l'été et on en jouit jusqu'aux froids de l'automne. Ce sont ces qualités qui justifient l'estime générale qu'on lui porte.

Ses feuilles sont fréquemment dévorées par une chenille qui est très commune dans les jardins où elle vit sur les choux et les autres plantes crucifères; elles les mange en entier ou bien elle ne laisse qu'une partie de la côte. Elle se tient étendue et collée contre la tige ou le long d'un rameau, et comme elle est cylindrique et de la même couleur verte que la plante, on a de la peine à la voir. Cette chenille, ainsi que le papillon qu'elle produit, se montrent deux fois dans l'année, une fois au printemps et une deuxième fois en automne. Lorsqu'elle est parvenue à toute sa croissance, elle a 25 millim. de longueur sur 3 de diamètre. Elle est verte et couverte de petits poils blanchâtres, serrés comme du velours.

Elle porte une raie jaune longitudinale sur le dos et une raie de la même couleur de chaque côté; les pattes sont vertes, au nombre de seize; le dessous ou le ventre est d'un vert plus pâle et luisant. N'ayant plus à croître elle quitte la plante et va chercher un lieu convenable pour se métamorphoser. Elle s'attache par une ceinture de soie au corps sur lequel elle est placée, et bientôt elle se dépouille de sa peau de chenille et devient une chrysalide d'un brun-rosé, tachée de noir. Le papillon éclôt environ trois semaines après.

Il est classé dans la famille des Diurnes, la tribu des Piérides et dans le genre *Pieris*. Son nom entomologique est *Pieris rapæ* et son nom vulgaire *Petit-papillon blanc du Chou.*

39. *Pieris rapæ*, Dup. — Longueur, 15 millim. Enverg. 35-45 millim. La tête, le corselet et l'abdomen sont noirs, garnis de poils blancs; les antennes sont annelées de blanc et de noir, terminées en massue aplatie; les ailes sont blanches; les supérieures portent une tache apicale légèrement noire; chez le mâle, les inférieures sont marquées d'une tache noirâtre au bord antérieur; chez la femelle les ailes supérieures, outre la tache apicale, en présentent deux autres sur le disque, et les inférieures en ont aussi quelquefois deux; le dessous des supérieures est blanc, avec l'extrémité jaune, et deux taches noires au-delà du milieu dont la deuxième est quelquefois oblitérée; le dessous des inférieures est jaune, taché de blanc; les pattes sont noires.

La chenille du *Pieris Rapæ* est attaquée par deux parasites de l'ordre des Diptères; ce sont, selon Robineau-Devoidy, la *Doria concinnata* et la *Phryxe Pieridis*. Les parasites de l'ordre des Hyménoptères n'ont pas encore été signalés à ma connaissance.

Cette même chenille, très nuisible au Réséda, lorsqu'elle l'envahit, se porte aussi sur la Capucine (*Tropæolum*) dont elle ronge les feuilles.

—

10. — Le Papillon Camille.

(Limenitis Camilla, Dup.).

On voit quelquefois sur les Chèvrefeuilles que l'on cultive dans les jardins et sur la Symphorine (*Symphoricarpos racemosa*) qui est de la famille des Caprifoliées, une chenille remarquable par sa forme et qui se nourrit des feuilles de ces arbustes. Elle ne leur fait pas un bien grand tort, car elle vit isolée et ne se trouve pas en grand nombre sur le même arbuste, et l'on n'a pas un grand intérêt à la détruire; mais on peut désirer savoir quelle espèce de papillon elle produit et si ses formes extraordinaires influent sur celles de ce papillon. Au commencement de juin elle est déjà parvenue à sa taille presque complète; elle a alors 20 millim. de longueur lorsqu'elle se contracte, et 30 millim. lorsqu'elle s'étend; elle est verte en dessus et couverte de spinules ressemblant à des petits brins de mousse; la tête est brune, hérissée de spinules; elle porte sur les premier, deuxième, troisième, quatrième, dixième, onzième segments, deux mamelons charnus, coniformes, assez élevés, couverts de spinules blanches sur un fond brun-violet, et deux très petits mamelons sur les cinquième, sixième, septième, huitième, neuvième; le septième segment est brun-violacé; elle est pourvue de seize pattes, dont les six écailleuses sont noires et les membraneuses brunes. On voit de chaque côté une ligne stigmatique jaune et une étoile de spinules sur chaque segment; le ventre est brun.

Cette chenille, ayant pris sa croissance vers le 7 juin, se dispose à sa métamorphose en se suspendant à une feuille ou à une petite branche par ses pattes de derrière, la tête en bas et le corps vertical. La chrysalide n'est pas moins remarquable que la chenille. Elle est noirâtre et présente une bande grisâtre de chaque côté de l'abdomen; on remarque, sur la ligne du dos, des tubercules, un sur chaque segment, et à leur suite un grand appendice foliacé, élevé, demi-circulaire, qui vient toucher le corselet; la tête se termine par deux cornes courtes et obtuses, et le bord extérieur des fourreaux des ailes est relevé et tranchant.

Le Papillon éclôt le 21 juin. Il est classé dans la famille des Diurnes, la tribu des Nymphalites et dans le genre *Limenitis*. Son nom entomologique est *Limenitis Camilla*, et son nom vulgaire *Papillon Camille*, *Deuil-azuré*.

40. *Limenitis Camilla*, Dup. —Enverg. 35 millim. Les antennes sont noires, de la longueur du corps, renflées à l'extrémité, en massue allongée, terminée par deux articles fauves; les palpes sont relevés, avancés, coniques, noirs, avec les dessous et le dessus blancs; la trompe est noire, cornée; la tête est noire, marquée de quatre points blancs sur le vertex; les ailes supérieures sont d'un noir-bleu, avec une bande transverse blanche, maculaires aux supérieures, coupée par les nervures aux inférieures et une série antéterminale de points noirs éclaircis de bleuâtre; les supérieures ayant en outre trois taches blanches dont une dans la cellule précédée d'atômes bleuâtres; le dessous est d'un noir-brun, varié de rouge-brique, avec les taches du dessus; les inférieures ayant la base et le bord abdominal largement bleuâtre, avec deux lignes noires et une série anté-terminale de points noirs renfermés chacun entre deux taches d'un rouge-brique; le corselet et l'abdomen sont noirs en dessus, blancs en dessous les pattes sont blanches.

La femelle est un peu plus grande que le mâle et les taches blanches sont plus marquées sur elle que sur ce dernier.

Ce papillon fait, par sa beauté, l'ornement d'un parterre et on doit l'y tolérer à moins que sa chenille ne devienne par trop nombreuse et ne nuise sensiblement aux chèvrefeuilles.

—

41. La Noctuelle antique.

(XYLINA EXOLETA, Lin.) (1)

La Noctuelle antique se trouve dans toute l'Europe, plus communément dans le midi que dans le nord. Sa chenille est très polyphage; elle vit à découvert, sur une multitude de plantes de familles très éloignées. Elle affectionne particulièrement l'œillet (*Dianthus caryophyllus*), la scabieuse cultivée (*Scabiosa atro purpurea*) la laitue, les pavots (*Papaver summiferum, et bracteatum*) M. le docteur Boisduval a vu au Jardin-des Plantes, en 1839, un quarré d'œillets de semis sur lesquels les chenilles se tenaient par centaines.

Cette chenille, parvenue à toute sa taille, est grande, et a environ 60 à 65 millim. de longueur. Elle est assez jolie, tantôt d'un beau vert-pomme et tantôt d'un vert-glauque, avec une raie jaune de chaque côté du dos, et une large raie d'un rouge-minium le long des pattes; sur le bord supérieur de la raie jaune on observe, sur chaque anneau, depuis le deuxième jusqu'au douzième, trois points blancs cerclés de noir, placés en triangle près de la raie latérale; les stigmates ressemblent à ces points, mais ils sont plus ovales; la tête et les pattes écailleuses, sont d'un vert-jaunâtre; le nombre total des pattes est de seize.

N'ayant plus à croître, elle entre dans la terre, où elle se construit une sorte de voûte dans laquelle elle se change en chrysalide d'un brun-rouge luisant; l'insecte parfait éclôt ordinairement vers la fin d'août ou dans le courant de septembre. Il arrive très souvent que la chrysalide passe l'hiver et que le papillon ne paraît qu'au printemps suivant. M. le docteur Boisduval pense que les individus provenant de cette éclosion printanière sont destinés à reproduire l'espèce.

(1) *Entomologie horticole*, p. 523.

Cette Noctuelle entre dans le genre *Xylina.* Son nom entomologique est *Xylina exoleta*, et son nom vulgaire *Noctuelle antique.*

41. *Xylina exoleta,* Lin. — Longueur, 25 mill. Enverg. 55-60 mill. Les antennes sont épaisses, sub-crénelées chez les mâles, filiformes chez les femelles; le toupet frontal est épais, obtus, bi-sillonné transversalement; les palpes sont courts et droits; la trompe est longue; la tête et le corselet sont brunâtres; ce dernier est robuste, carré, sinué latéralement, caréné dans le milieu et relevé en crête avec les épaulettes blanches ou blanchâtres; les ailes supérieures sont longues, étroites, d'un gris-blanchâtre sur une grande partie de leur surface, d'un brun roux le long de la côte et à l'extrémité près de la frange; les deux taches ordinaires (orbiculaire et réniforme), sont bien indiquées; celle qui remplace la réniforme ressemble presque au chiffre 8; elle est rembrunie dans sa partie inférieure, avec le centre d'un gris-pâle; à l'extrémité des ailes, il y a quelques traits sagittés bruns, formant une espèce de raie transversale interrompue; les ailes inférieures sont larges et d'un gris-noirâtre; l'abdomen est aplati, velu latéralement, obtus et de la couleur des ailes inférieures.

Lorsque cette Noctuelle est au repos, avec ses ailes croisées sur le dos, on la prendrait facilement pour un morceau de bois mort, et cette ressemblance est si frappante qu'il faut la toucher pour se convaincre que c'est un papillon vivant.

—

42. — La Noctuelle du Pied-d'Alouette.

(Chariclea Delphinii, Lin.) (1).

La Noctuelle du Pied-d'Alouette, appelée vulgairement *l'Incarnate*, est l'une des plus jolies des espèces européennes; elle est

(1) *Entomologie horticole*, p. 549.

commune dans les jardins de Paris, mais elle ne se trouve pas dans nos départements du Nord et du Midi.

On rencontre sa chenille depuis le commencement du juin jusqu'à la fin d'août sur toutes les espèces de Pieds-d'Alouette ou *Delphinium*, particulièrement sur l'*Ajacis* et sur les variétés sorties de l'*Elatum*, dont elle dévore les fleurs et surtout les capsules. Les années où elle est abondante, le jardinier récolte à peine quelques graines. En quinze jours elle arrive à son entier développement. Elle a alors 40 millim. de longueur et est assez jolie : le fond de sa couleur est tantôt blanchâtre, tantôt d'un blanc un peu violâtre, ou d'un blanc incarnat, luisant comme de la porcelaine, avec des raies latérales d'un jaune-citron, et une multitude de points noirs, disséminés sur tout le corps, dont ceux du dos sont plus gros que les autres; la tête est de la couleur du corps, marquée de cinq ou six points noirs; dans sa jeunesse, elle est blanchâtre, ou d'un gris-blanchâtre, très légèrement velue, avec le dessin plus confus et moins apparent; elle est pourvue de seize pattes.

Arrivée à son entière croissance, elle entre dans la terre, où elle forme une coque composée de quelques grains de cette substance, liés avec des fils de soie, et se transforme en chrysalide. Cette dernière est cylindrico-conique, d'un brun-rouge à reflet verdâtre sur l'enveloppe des ailes. L'insecte parfait éclôt dès les premiers jours de juin jusqu'à la fin de juillet de l'année suivante. Dans les années très chaudes, quelques individus éclosent à la fin d'août ou dans les premiers jours de septembre.

Ce Lépidoptère est classé dans la famille des Nocturnes, dans la tribu des Noctuélites et dans le genre *Chariclea*. Son nom entomologique est *Chariclea Delphinii*, et son nom vulgaire *Noctuelle du Pied-d'Alouette*, *l'Incarnate*.

12. *Chariclea Delphinii*, Lin. — Enverg., 28 millim. Les antennes sont filiformes, les palpes courts, velus, dépassant à

peine la tête; la trompe est très longue; la tête et le corselet sont d'un gris-verdâtre; ce dernier est proéminent avec le collier relevé en pointe obtuse et une crête bifide à sa base; les ailes supérieures sont roses ou d'un rose un peu vineux, traversées par deux raies sinueuses d'un violet-noir, liserées de rose-pâle; la première forme trois angles obtus et la deuxième suit presque le contour du bord postérieur; l'intervalle qui sépare ces deux lignes, plus clair du côté de la base, avec une tache irrégulière, d'un violet-foncé à la place réniforme ordinaire; la frange est d'un gris-jaunâtre; les ailes inférieures sont d'un gris-foncé, avec une bande plus pâle, le limbe rose et la frange d'un gris-pâle; l'abdomen est gris-foncé; en dessous les quatre ailes sont mélangées de gris et de rose.

La chenille de la Noctuelle du Pied-d'Alouette ne se cache pas, elle se tient en plein soleil sur les ramifications florales ou sur les capsules des *Delphinium;* ce qui rend facile sa recherche et sa destruction.

—

43. — La Noctuelle parée.

(Dianthoecia compta, Lin.).

La Noctuelle parée est très commune dans les jardins de Paris et du centre de la France, selon M. le docteur Boiduval; elle est rare, ou tout-à-fait inconnue, dans les départements du Nord et du Midi (1). Sa chenille est, dans certaines années, très nuisible à toutes les espèces d'œillets cultivés. Elle dévore complétement les graines des œillets de poëtes, de l'œillet des fleuristes, des œillets de Chine et même celle de la Croix-de-Jérusalem (*Lychnis Chalcedonica*). Dans la campagne elle se contente de l'œillet prolifère et de celui des Chartreux (*Dianthus Cartusianorum*). On com-

(1) *Entomologie horticole*, p. 517.

mence à la trouver très petite vers la mi-juillet, logée tout entière dans les capsules de ces Caryophyllées, dont elle ne mange que la graine. L'orqu'elle devient trop grosse pour y faire sa demeure, elle sort et vient se cacher pendant le jour au pied de la plante, ou à quelque distance, sous un peu de terre; le soir elle grimpe le long des tiges, perce adroitement le calice et les capsules d'un petit trou rond, et y introduit la partie effilée de son corps. Vers la fin de juillet ou au commencement d'août, elle est arrivée à toute sa taille.

Elle a alors 32 millim. de longueur, et est atténuée aux deux extrémités; elle est d'un blanc sale roussâtre, très légèrement parsemée d'atômes brunâtres, presque imperceptibles; elle a sur le vaisseau dorsal une ligne déliée d'un gris-blanchâtre, bordée par des atômes bruns; souvent ces atômes absorbent entièrement la ligne dorsale et forment une raie longitudinale; de chaque côté du dos, on aperçoit ordinairement deux lignes brunâtres, longitudinales, fines, un peu sinueuses, interrompues; mais quelquefois on n'en peut distinguer qu'une seule; au-dessous d'elles et à peu de distance, est une raie longitudinale un peu ondulée, formée par des atomes brunâtres, suivie immédiatement par une autre raie d'une couleur grisâtre très pâle. Outre cela il y a sur le dos de chaque anneau quatre petits points noirs disposés en trapèze; la tête est d'un roux-clair, avec quatre traits bruns longitudinaux; les pattes sont au nombre de seize.

N'ayant plus à croître elle se retire dans la terre et se fait une coque légère en attachant des grains de terre avec quelques fils de soie dans laquelle elle se change en chrysalide. Cette dernière est cylindrico-conique, d'un fauve-rouge foncé, avec une gaîne obtuse bien prononcée renfermant les antennes, la trompe et les ailes. L'insecte parfait éclôt à la fin de juin ou dans les premiers jours de juillet de l'année suivante. Il est classé dans la famille des Nocturnes, la tribu des Noctuélites et dans le genre *Dianthœcia*. Son nom entomologique est *Dianthœcia compta*, et son nom vulgaire *Noctuelle parée*.

43. *Dianthœcia compta*, Lin. — Enverg., 25 millim. Les antennes sont subciliées chez les mâles, filiformes chez les femelles ; les palpes sont courts, épais et ne dépassent pas le chaperon; la trompe est longue; la tête et le corselet sont grisâtres ; ce dernier est robuste, sub-carré et lisse; les ailes supérieures sont panachées de brun-grisâtre et de blanc ; le fond de la couleur est d'un brun-gris assez brillant varié de blanc vers la base, traversé au milieu par une large bande blanche, irrégulière, rétrécie dans son milieu ; la tache orbiculaire est blanche, bien marquée, la tache réniforme est un peu moins tranchée ; dans tous les cas elles se soudent plus ou moins l'une et l'autre avec la bande du milieu ; près de la frange il y a une petite ligne transversale sinuée, blanche, plus ou moins visible ; les ailes inférieures sont noirâtres, un peu plus claires vers le milieu ; l'abdomen du mâle se termine carrément; celui de la femelle est conique et porte à son extrémité un oviducte saillant qui sert à déposer les œufs dans les fleurs des œillets.

On fait la chasse à cet insecte en cherchant la chenille pendant le jour au pied des œillets dans la terre, et pendant le crépuscule à l'entrée de la nuit, en la cherchant, à l'aide d'une lanterne, sur les œillets dont elle mange la graine; le papillon voltige le soir sur les fleurs dans les jardins.

—

44. — La Tordeuse ou Pyrale congénère.

(TORTRIX CONGENERANA, Dup.)

On voit quelquefois sur les lilas, pendant la deuxième quinzaine du mois de mai, des feuilles qui sont collées l'une sur l'autre ou qui sont pliées à plat en dessus, sans être tordues ni déformées. Si l'on sépare les unes des autres celles qui sont collées, ou si l'on déplie celles qui sont pliées, on trouve une petite chenille très vive qui s'est construit ce logement pour vivre tranquille à l'abri de la pluie, du soleil et du grand air. Elle maintient avec des fils de soie les parois de son habitation de manière à ce qu'elles ne puissent se séparer, et elle se nourrit en broutant le parenchyme de la surface supérieure de la feuille, et lorsqu'elle ne trouve plus autour d'elle une nourriture suffisante elle va construire un nouveau logement dans le voisinage de celui qu'elle a quitté. Elle grandit en assez peu de temps et vers le 13 juin elle a acquis toute sa croissance; elle a alors 20 millim. de longueur, à peu près ; elle est verte; la tête est d'un fauve-brun à la partie postérieure et noire en devant; les petites antennes sont noires; le premier segment du corps porte un écusson noir en dessus ; les autres segments sont marqués de points verruqueux, petits, plats, blanchâtres, surmontés chacun d'un poil et disposés en deux lignes transversales ; les six pattes thoraciques sont noires et les dix autres vertes. Cette chenille tapisse son logement d'une très fine toile de soie blanche, et paraît couchée entre deux draps ; c'est là qu'elle se change en chrysalide. Cette dernière a 10 millim. de longueur, elle est ové-conique, allongée, de couleur brun-noirâtre ; les segments de l'abdomen portent chacun deux rangées transversales de spinules ; celles de la rangée inférieure ne sont que des points saillants; le papillon se montre vers le 3 juillet. Lorsqu'il doit éclore, la chrysalide se pousse en avant et sort de son habitation jusqu'aux fourreaux des ailes, ce qui permet au papillon de sortir de la chrysalide, d'étendre ses ailes et de prendre son essor sans se froisser.

Il fait partie de la famille des Nocturnes, de la tribu des Tordeuses et du genre *Tortrix*. Son nom entomologique est ***Tortrix congenerana***, Dup., et son nom vulgaire *Tordeuse congénère.*

44. ***Tortrix congenerana***, Dup. — Longueur, 12 millim. (ailes pliées). La couleur générale est un bistre-foncé ; les antennes sont filiformes, de la moitié de la longueur de l'animal ; les palpes sont d'un bistre-brun, à deuxième article un peu plus large au sommet qu'à la base, et à troisième article petit, cylindrique et nu ; les

yeux sont noirâtres; la tête et le corselet sont d'un bistre-foncé, celui-ci est crêté; les ailes supérieures sont couleur bistre, arrondies à la côte, un peu concave près de l'angle apical qui est saillant, et à bord postérieur terminé presque carrément, mais un peu sinueux ; elles sont traversées au milieu par une raie oblique d'un brun-marron et par des linéoles de la même couleur, dont une plus forte vers la base et une autre le long du bord postérieur, marquées à la côte par une tache lancéolée de la même couleur; les ailes inférieures sont jaunes, à bord extérieur blanchâtre; le dessous du corps et des ailes, ainsi que les pattes, sont couleur d'ocre-foncé.

On peut encore décrire cette Tordeuse de cette manière :

Le dessus des ailes présente une large bande transversale un peu plus foncée que le reste, mais indéterminée du côté du bout de l'aile, une autre bande encore moins distincte à la base et une sorte de treillis formé par des linéoles qui se croisent perpendiculairement.

—

45. — La Tordeuse ou Pyrale hépatique.

(TORTRIX HEPARANA, Dup.) (1).

Les feuilles des rosiers de toutes les espèces sont tordues, liées en paquets et rongées par la chenille de la Tordeuse hépatique, qui s'adresse aussi aux arbres fruitiers, comme le poirier, le pommier,

(1) On a également donné le nom vulgaire de Pyrale aux petits Lépidoptères dont les ailes supérieures sont élargies aux épaules et ressemblent un peu à une chappe ; les chenilles tordent et lient en paquets les feuilles des végétaux, ce qui les a fait réunir dans la tribu des Tordeuses (*Tortrices*). Les véritables Pyrales des entomologistes sont des Lépidoptères d'une autre tribu : ici le mot Pyrale est un nom vulgaire.

le cerisier, etc., et à divers arbres et arbustes tels que le charme, la ronce, etc. Elle n'est pas difficile et s'accommode de feuilles très différentes les unes des autres. Elle est verte; sa tête est brune; elle porte un écusson noir sur le premier segment de son corps et des points verruqueux pilifères sur les autres; ces points sont rangés sur deux lignes transversales sur chaque segment; les quatre plus apparents sur le dos de chaque anneau forment un trapèze et sont appelés points trapézoïdaux; elle est pourvue de seize pattes dont les six antérieures sont écailleuses et noirâtres, et dont les autres sont membraneuses et brunes. Cette chenille lie en paquets, avec des fils de soie, les feuilles voisines d'une jeune pousse de rosier et se tient au centre du paquet, où elle ronge celle qui est le plus à sa portée et le plus de son goût. Elle croît assez rapidement, et lorsqu'elle est parvenue à toute sa taille elle tapisse d'une fine toile de soie blanche l'intérieur de son habitation, dans laquelle elle ne tarde pas à se changer en chrysalide, puis ensuite en insecte parfait. Pour que celui-ci puisse s'échapper de son berceau sans froisser ses ailes, la chrysalide s'avance en remuant son abdomen garni de spinules, et sort à moitié de son habitation; et lorsqu'elle a mis dehors sa tête et son corselet, celui-ci se fend sur le dos et le papillon en sort sans rencontrer aucun obstacle et prend son essor du 15 au 20 juin.

Il fait partie de la famille des Nocturnes, de la tribu des Tordeuses et du genre *Tortrix*. Son nom entomologique est *Tortrix heparana*, et son nom vulgaire *Tordeuse hépatique*.

45. *Tortrix heparana*, Dup. — Longueur, 12 millim. (ailes pliées). Les antennes sont simples, filiformes, de la longueur de la moitié du corps; la tête, les pattes et les antennes sont d'un brun testacé; le corselet et le dessus de l'abdomen sont de la même couleur; les ailes supérieures sont du même brun testacé, elles sont élargies aux épaules, arrondies à la côte, avec l'angle du sommet un peu saillant et arrondi, et le bord postérieur sinué;

elles sont marquées d'une large bande à la base, d'une autre bande oblique au-delà du milieu et d'une tache à la côte formant le commencement d'une troisième bande vers l'extrémité, d'une couleur plus foncée qui est aussi celle de la frange; entre les bandes la couleur est plus claire; les ailes inférieures sont brunes, mais plus claires le long de la côte; le dessous et les pattes sont d'un brun-jaunâtre.

La chenille de cette Tordeuse est atteinte dans son habitation par un petit parasite qui pond un œuf dans son corps. La larve sortie de cet œuf se nourrit de la masse graisseuse renfermée dans le corps de la chenille, et lorsqu'elle a pris tout son accroissement elle sort de cette chenille et se renferme dans un petit cocon de soie blanche qu'elle file aussitôt. Le parasite se montre sous sa forme parfaite vers le 26 juin.

Il fait partie de la tribu des Ichneumoniens, de la sous-tribu des Braconites et du genre *Microgaster*. Il me paraît se rapporter à l'espèce appelée *gagates*.

Microgaster gagates. N. d. E. — Longueur, 3 millim. Il est d'un noir mat; les antennes sont noires, de la longueur du corps; la tête, le thorax et l'abdomen sont noirs; les pattes sont noires, avec les tibias antérieurs et moyens d'un fauve-pâle, sauf l'extrémité qui est noire, et les postérieurs qui n'ont que la base fauve; les tarses sont fauves; les postérieurs sont tachés de brun; les ailes sont hyalines, à nervures noires et stigma grisâtre; elles n'ont que deux cellules cubitales; la tarière de la femelle est de la longueur de la moitié de l'abdomen.

On fait la chasse à la chenille de la Tordeuse hépatique en écrasant tous les paquets de feuilles de rosiers liées avec des fils de soie. Il suffit de les serrer entre ses doigts pour tuer la chenille.

—

46. — La Tordeuse ou Pyrale de Bergmann.

(ARGYROTOZA BERGMANNIANA, Dup.)

Une autre espèce de Lépidoptère de la tribu des Tordeuses donne naissance à des chenilles très nuisibles aux rosiers, lorsqu'elles se trouvent en grand nombre dans un jardin planté de ces arbustes ; c'est celle que l'on nomme Tordeuse de Bergmann. La chenille de cette espèce paraît en avril, avec les premières feuilles, et se tient cachée au bout des branches, dans l'intérieur des jeunes pousses, qu'elle ronge et dont elle réunit les feuilles en paquets en les entourant de fils de soie. Elle est petite, d'abord d'un verdâtre-pâle; mais parvenue à toute sa taille, elle est d'un jaune-clair avec quelques taches vertes sur le dos. La tête et les pattes écailleuses sont d'un noir-brillant; les membraneuses sont de la couleur du corps. Le premier segment présente deux petites plaques cornées noires et les autres des poils clair-semés sur tout le corps.

Elle tapisse de soie l'intérieur de sa demeure avant de se changer en chrysalide. Cette transformation a lieu dans le courant de mai et le papillon éclôt au bout de quinze jours.

La chrysalide, d'abord jaune, ensuite d'un jaune-brunâtre, devient tout à fait brune. Elle a sur chaque anneau de son abdomen deux rangées transversales d'épines de différentes grandeurs, inclinées vers l'anus, dont l'extrémité est garnie de plusieurs petits crochets divergents. Elle a 7 millim. de longueur. On la trouve aussi vers le 20 mai, cachée dans une feuille de rosier pliée en deux par le milieu et reposant sur une fine toile de soie blanche qui en tapisse l'intérieur. Le papillon en sort vers les 6 et 10 juin.

Il entre dans le genre *Argyrotoza*, de la tribu des Tordeuses. Son nom entomologique est *Argyrotoza bergmanniana*, et son nom vulgaire *Tordeuse de Bergmann*.

46. *Argyrotoza bergmanniana*, Dup. — Longueur, 8 millim. (ailes pliées). Elle est d'un jaune-clair et vif, tachée de jaune-souci; les antennes sont sétacées, plus courtes que le corps, d'un

jaune-brun, à premier article jaune-vif; la tête est jaune; les palpes sont d'un jaune-souci; la trompe est blanchâtre et les yeux sont noirs; le corselet est jaune-vif; les ailes supérieures sont élargies à la base, arquées à la côte, arrondies aux angles postérieurs, d'un jaune-vif, tachées plus ou moins abondamment d'un jaune souci, surtout à l'extrémité, et traversées par quatre lignes argentées : la première tout près de la base, peu visible; la deuxième au milieu, arquée et transverse; la troisième aux deux tiers de l'aile, transverse, arquée; la quatrième au bord postérieur venant toucher la troisième à ce bord; toutes élargies à la côte; la frange est jaune; les ailes inférieures sont noirâtres; le corps est brunâtre en dessus, plus pâle en dessous; les pattes sont blanchâtres.

On n'a pas encore signalé les parasites de cette espèce. On doit faire la recherche des chenilles sur les rosiers et les écraser dans leurs nids.

---

47. — La Tordeuse ou Pyrale de Forskæl.

(ARGYROTOSA FORSKÆLANA, Dup.)

Je n'ai pas remarqué cette petite Tordeuse dans les environs de Santigny et je n'en parle que sur l'autorité de M. Boisduval, qui dit qu'elle est aussi commune que la *Bergmanniana* dans certaines localités de la Brie. Elle paraît à la même époque et vit de la même manière. Les chenilles des deux espèces se ressemblent au point que l'on prend l'une pour l'autre; toutefois celle de la *Forskælana* est plus petite et un peu plus verte. Elle vit sur la plupart des rosiers, comme celle de la *Bergmanniana*, et comme cette dernière elle attaque rarement les bengales, les thés et les banks.

Le papillon éclôt à la fin de juin, et se range dans le genre *Argyrotoza* comme le précédent. Son nom entomologique est *Argyrotoza forskælana*, et son nom vulgaire *Pyrale* de *Forskæl.*

47. *Argyrotoza forskælana*, Dup. — Enverg. 13 millim. Les antennes sont filiformes, de la couleur des ailes supérieures; la

tête et les palpes sont aussi de la même couleur; le deuxième article de ces derniers est épaissi à son extrémité et le troisième est ob-conique; le corselet est encore de la couleur des ailes supérieures; ces dernières sont dilatées à la base, courbées à la côte, terminées presque carrément à l'extrémité, d'un jaune-serin, finement réticulées de rougeâtre, avec une tache nébuleuse au milieu d'un brun-noirâtre, qui repose sur le bord interne d'une manière oblique et de laquelle part en sens contraire un trait de la même couleur qui aboutit à la côte; la frange, de la couleur des ailes, est précédée d'un liséré brun qui se prolonge jusque sur la côte; le dessous des mêmes ailes est de la couleur du dessus, mais sans taches; les secondes ailes sont du même jaune que les premières sur leurs deux surfaces, mais non réticulés de rouge-brun, l'abdomen et les pattes sont de la couleur des ailes.

On trouve des chenilles en août, selon M. Boisduval, qui ont donné une seconde génération en septembre.

On détruit une partie des chenilles de cette Pyrale en les écrasant dans leur domicile.

—

48. — La Tordeuse ou Pyrale de Hoffmansegg.

(ARGYROTOZA HOFFMANSEGGANA.)

Je n'ai pas eu l'occasion d'observer ce petit Lépidoptère qui, selon M. Boisduval, est aussi commun et aussi nuisible que la Pyrale de Bergmann, notamment en Normandie. Sa chenille roule et plie de même, en avril et en mai, l'extrémité des pousses des jeunes rameaux des rosiers et se comporte de la même manière. Lorsqu'elle est adulte, elle est d'un vert assez clair, avec la tête, un petit écusson sur le premier anneau et les pattes écailleuses d'un brun couleur de poix; on voit en outre sur son corps des petits points saillants donnant naissance à un petit poil raide.

Elle se change en chrysalide dans l'intérieur du paquet de feuilles dans lequel elle a vécu. Cette dernière est allongée, d'un brun-noirâtre, garnie de spinules sur le bord des anneaux de l'abdomen.

Ces spinules correspondent aux points verruqueux de la chenille, comme on le remarque sur les autres Tordeuses et sur beaucoup d'autres espèces de Lépidoptères. Le papillon éclôt en juillet et se place dans le genre *Argyrotoza*, comme les précédents. Son nom entomologique est *Argyrotoza Hoffmanseggana*, et son nom vulgaire *Pyrale* de *Hoffmansegg*.

48. *Argyrotoza Hoffmanseggana*, Dup. — Enverg. 13 millim. Les antennes sont filiformes ; ces dernières, la tête, le corselet, les pattes sont d'un jaune-doré ; l'abdomen est d'un brun-noirâtre ; les ailes supérieures sont en dessus d'un jaune-doré, teinté de brun-ferrugineux vers leur extrémité, avec quatre rangées transversales de points noirs argentés, dont un précède immédiatement la frange ; celle-ci est d'un beau jaune-orange, et l'on voit en outre, en se rapprochant de la base, une petite ligne d'or pâle qui part du bord interne et ne va pas au-delà du milieu de l'aile ; les ailes inférieures sont en dessus d'un brun foncé qui s'éclaircit dans le haut, avec la frange grise ; le dessous des quatre ailes est d'un gris-luisant, avec la frange plus claire.

On peut employer pour cette espèce le procédé de destruction indiqué pour les espèces précédentes.

---

49. — La Tordeuse ou Pyrale ocellée

(Penthina ocellana, Dup.)

La chenille de la Tordeuse ocellée est fort nuisible dans les jardins et les parterres plantés de rosiers, car elle attaque les boutons de roses, dans l'intérieur desquels elle se cache et dont elle ronge le cœur pour se nourrir. Chaque bouton attaqué est une rose perdue, et lorsqu'elle est nombreuse elle dévaste les rosiers d'un jardin. Elle est d'un jaune-brun avec des lignes longitudinales noirâtres sur le dos et sur les côtés, et des lignes transversales de la même couleur sur la séparation des anneaux ; une tache d'un brun-foncé en forme de selle se remarque sur le septième et le huitième segment; la tête, l'écusson du premier anneau et les six pattes écailleuses sont d'un brun-noirâtre; elle se métamorphose en chrysalide au commencement de juin, et le papillon se montre environ six semaines après; la chrysalide est d'un vert-noirâtre dans sa partie antérieure, et d'un jaune-sale dans sa partie postérieure, avec les articulations noires.

Le papillon se classe dans la famille des Nocturnes, la tribu des Tordeuses et dans le genre *Penthina*. Son nom entomologique est *Penthina ocellana*, et son nom vulgaire *Tordeuse ocellée*.

49. *Penthina ocellana*, Dup. — Enverg. 18 millim. La tête est noirâtre ainsi que les antennes; les palpes sont d'un jaune-fauve; le corselet est noirâtre, et l'abdomen gris; les ailes supérieures en dessus ont la moitié de leur surface, à partir de la base, d'un brun-noirâtre, l'extrémité de la même couleur, et la partie intermédiaire blanche; sur cette partie blanche on remarque trois taches d'un gris-bleuâtre et une série de trois petits points placés sur une ligne transverse près de l'angle anal; les ailes inférieures sont en dessus d'un gris-cendré, y compris la frange; le dessous des quatre ailes est d'un gris-luisant, avec deux points jaunâtres à la côte des supérieures; les pattes sont blanchâtres.

Le moyen de détruire la chenille de la Tordeuse ocellée est de la chercher sur les rosiers où sa présence se décèle par une feuille collée contre un bouton entamé dont elle masque la plaie, et de la retirer de son gîte pour l'écraser.

On n'a pas encore signalé ses parasites.

—

50. — La Tordeuse ou Pyrale de l'églantier.

(Aspidia Cynosbana, Dup.)

On remarque très souvent, dès les premiers jours de mai, sur les rosiers de toutes les espèces et variétés, et particulièrement sur les rosiers appelés *de tous mois*, des paquets de feuilles tordues et liées ensemble avec des fils de soie qui déparent ces arbustes. Ces paquets se montrent le plus ordinairement aux extrémités des bourgeons ou pousses de l'année. Si l'on défait l'un d'eux on trouve au centre une petite chenille d'un vert-noirâtre, très vive, qui se remue, avance, recule, cherche à s'échapper en se laissant tomber, mais en se suspendant à un fil de soie tiré de sa filière, qui la soutient à une certaine hauteur. Elle témoigne par là que le grand air et la lumière l'incommodent et nous fait comprendre les motifs qui la portent à réunir plusieurs feuilles en les entourant de quelques fils; c'est pour se créer une demeure où elle est à l'abri de l'air, de la lumière, de la pluie, du vent, etc , et où elle trouve autour d'elle des feuilles tendres et fraîches pour sa nourriture. Renfermée dans son logement elle ronge la feuille la plus intérieure, la plus à la portée de sa dent, et grandit sans trouble jusqu'à son entier développement. Lorsqu'elle est parvenue à toute sa taille, elle tapisse l'intérieure de son habitation d'une fine toile de soie blanche dans laquelle elle se change en chrysalide et ensuite en papillon qui sort de son berceau et s'envole de très bonne heure, car on le voit voltiger dès le 15 mai. L'histoire de cette chenille est, à très peu de chose près, celle de toutes les Tordeuses ou Plieuses de feuilles.

Elle préfère les feuilles les plus tendres, celles qui viennent de se développer à l'extrémité des bourgeons. Elle ronge aussi l'extrémité du bourgeon même qui est entièrement herbacé et s'introduit dans l'intérieur de cette jeune pousse dont elle mange toute la substance verte et molle, abondamment imbibée de sève; mais elle n'y pénètre pas très profondément.

Elle arrête ainsi la croissance du bourgeon en longueur; ce qui fait développer de nouvelles pousses à l'aisselle des feuilles inférieures.

Cette chenille est petite, brune, ou d'un vert-noirâtre en dessus, et blanchâtre en dessous; la tête est brune; le premier segment du corps est noir en dessus; les autres sont parsemés de points verruqueux pilifères, placés régulièrement sur chaque segment et rangés sur deux lignes transversales; elle est pourvue de seize pattes; la chrysalide est noire, de forme ové-conique; le dos des segments de l'abdomen porte des spinules rangées sur deux lignes transversales; celles de la deuxième ligne sont excessivement courtes; ce sont plutôt des points granuleux saillants que des épines; la queue se termine par une épine crochue.

Lorsque la chrysalide doit se transformer en papillon, elle dégage l'épine de sa queue de la toile de soie qui lui sert de lit; elle donne un mouvement ondulatoire à son abdomen et se pousse en avant jusqu'à ce que son corselet soit hors du paquet de feuilles. Alors le papillon sort de la peau de la chrysalide et prend son essor lorsque ses ailes se sont étendues et affermies.

Il fait partie de la tribu des Tordeuses comme les précédents, mais il entre dans le genre *Aspidia*. Son nom entomologique est *Aspidia cynosbana*, et son nom vulgaire *Tordeuse de l'églantier ou Tordeuse du rosier*.

50. *Aspidia cynosbana*, Dup. — Longueur, 10 millim. (ailes pliées). La tête, les antennes et le corselet sont noirâtres; les antennes sont simples, filiformes; les palpes sont d'un gris-jaunâtre, ayant leur deuxième article large, garni d'écailles et le troisième petit et nu; les ailes sont élargies à la base, arquées à la côte; le tiers antérieur des supérieures est noirâtre, nuancé de gris; les deux tiers postérieurs sont blanchâtres, nuancés de gris et de fauve, avec quelques points noirs et fauves surtout à l'angle du sommet; le dessous est gris; les ailes inférieures sont grisâtres; le dessous du corps et les pattes sont d'un blanc-jaunâtre; le dessus du premier est noirâtre.

On fait la chasse à cette chenille en l'écrasant dans les paquets de feuilles qu'elle a liées et dans l'extrémité des bourgeons où elle s'est introduite.

Elle a pour ennemi naturel un Ichneumonien du genre *Pimpla*, dont la femelle a l'adresse de pondre ses œufs un à un, dans le corps de différentes chenilles de cette espèce. La larve sortie de l'œuf suce ou ronge l'intérieur de la chenille et la fait périr, après quoi elle se change en chrysalide, puis ensuite en insecte parfait dans le paquet de feuilles qui a servi de demeure à la chenille, et prend son essor vers le 28 juin. Ce parasite est le *Pimpla scanica.*

Pimpla scanica, Grav. — Longueur, 9 millim. Il est noir; les antennes sont filiformes, de la longueur du corps, noires en dessus, jaunâtres en dessous vers la base et brunissant à l'extrémité, avec les incisions des articles noires; la tête et le thorax sont noirs, un peu pubescents; l'abdomen est subsessile, noir, ponctué, ayant ses segments bordés d'un liseré fauve s'étendant sur les côtés, avec une légère impression transversale sur chacun d'eux; il est fauve en dessous; les hanches sont noires, et les pattes fauves; les antérieures sont un peu jaunâtres avec les tibias légèrement bruns à l'extérieur, et un anneau blanc peu marqué; les intermédiaires ont les tibias bruns à l'extérieur et un anneau blanc à la base et les tarses annelées de blanc et de noirâtre; les postérieurs ont les tibias noirs, annelés de blanc à la base et les tarses fortement annelés de blanc et de noir; les ailes sont hyalines avec les nervures noires et le stigma noirâtre au milieu, blanc aux extrémités; l'aréole des antérieures est quadrangulaire et la tarière a le tiers de la longueur de l'abdomen.

Le mâle est plus svelte, ses antennes sont relativement plus longues, testacées en dessous, avec les incisions des articles noires; L'abdomen est noir en dessous, et n'est pas bordé de fauve sur les côtés.

---

51. — L'Yponomeute du Fusain.

(Yponomeuta evonymella, Dup.)

Le Fusain (*Evonymus europœus*) est fort exposé aux atteintes d'une petite chenille qui se nourrit de ses feuilles et qui produit beaucoup de désordre sur l'arbuste. Cette chenille vit en société assez nombreuse, et tous les individus se tiennent rassemblés les uns à côté des autres dans une sorte de nid de soie blanche filé en commun. Cette toile renferme les feuilles qu'elles veulent manger et lorsqu'elles les ont dévorées, elles étendent leur nid et enveloppent de nouvelles feuilles pour leur nouveau repas. Elles continuent à s'étendre et à envelopper de toile de soie presque tous les rameaux de l'arbuste. En agissant ainsi, elles se mettent à couvert, préservent les feuilles de la pluie et de la rosée, et se ménagent une nourriture salutaire. Elles ne sortent pas de leur habitation et ne mangent que pendant la nuit. On les trouve arrivées à toute leur taille à la fin de mai, et c'est à cette époque que l'on voit les branches du Fusain enveloppées de toiles d'araignées, toutes leurs feuilles rongées et présentant un aspect dégoûtant.

Cette chenille, parvenue à toute sa taille vers le 24 juin, a 15 millim. de longueur; elle est cylindrique, d'un blanc-jaunâtre, avec la tête d'un noir-luisant; le premier segment est marqué de deux grandes taches noires à peu près carrées qui en couvrent le dessus; les autres segments portent chacun deux taches rondes formant ensemble deux lignes longitudinales, une de chaque côté du vaisseau dorsal; il y a en outre deux petits points noirs derrière chaque tache; le dernier segment est marqué d'une tache noire dorsale et deux latérales; elle est pourvue de seize pattes, six écailleuses noires, et les autres de la couleur du corps, avec une tache noirâtre; tous les points et toutes les taches sont surmontés d'un poil.

Ces chenilles, n'ayant plus à croître, se suspendent dans leur nid par les pattes de derrière, ayant la tête en bas, et chacune d'elles se renferme dans un cocon ovale, allongé, de soie blanche. Tous ces cocons sont placés côte à côte et se touchent. Elles ne tardent guère à se changer en chrysalides, et ensuite en insectes parfaits, qui sortent du nid vers le 10 juillet pour prendre leur essor et s'accoupler.

Ce petit Lépidoptère est de la famille des Nocturnes, de la tribu des Yponomeutides et du genre *Yponomeuta*. Son nom entomologique est *Yponomeuta evonymella*, et son nom vulgaire *Yponomeute du Fusain*, *Teigne du Fusain*.

51. *Yponomeuta evonymella*, Dup. — Longueur, 13 millim.

(ailes pliées). Elle est d'un blanc-de-lait; les antennes, les palpes sont blancs; les premières sont filiformes; les seconds peu arqués, d'égale grosseur dans toute leur étendue, ayant leur dernier article aussi long que les précédents; la tête est blanche et les yeux noirs; la trompe est très courte; le corselet est blanc, marqué de points noirs; l'abdomen est blanc, cylindrique; les ailes supérieures, roulées sur le corps, sont blanches et portent trois lignes longitudinales de points noirs, quelquefois quatre lignes; les inférieures sont noirâtres en dessus, avec la frange grise; le dessous des quatres ailes est noirâtre.

Les chenilles de ce Lépidoptère sont la proie de plusieurs parasites qui en font périr un grand nombre. Le premier que j'aie a signaler est un Ichneumonien du genre *Campoplex*, qui pond un œuf dans le corps de chacune de celles qu'il atteint avec sa tarière. La larve sortie de cet œuf ronge intérieurement la chenille et ne lui donne la mort qu'après avoir filé son cocon. Le parasite sort de ce cocon vers le 25 juin. Il me parait se rapporter à l'espèce appelée *Campoplex albidus.*

Campoplex albidus? Grav. — Mâle. Longueur, 7 millim. Les antennes sont filiformes, noires et atteignent le milieu de l'abdomen; la tête est noire, et les palpes fauves; le corselet est noir ainsi que l'abdomen; celui-ci est pédiculé, peu ou point comprimé et va en grossissant de la base à l'extrémité, qui est arrondie; le dessous des deuxième, troisième et quatrième segments est blanchâtre; les hanches et les pattes antérieures et moyennes sont fauves; les hanches postérieures sont noires; les cuisses sont fauves, et les tibias, noirs à la base et à l'extrémité, sont fauves au milieu; les premier, deuxième, troisième articles des tarses postérieurs sont blanchâtres à la base, noirs à l'extrémité, ainsi que les quatrième et cinquième articles; les ailes sont hyalines, elles n'atteignent pas l'extrémité de l'abdomen; leurs nervures sont noires; l'aréole est petite, triangulaire et pétiolée.

Le deuxième parasite de l'*Yponomeuta evonymella* est un très petit Chalcidite du genre *Encyrtus* qui sort d'une chrysalide de ce Lépidoptère, au nombre d'une centaine d'individus environ. Cette chrysalide contient assez de substance pour nourrir cette prodigieuse quantité de petits vers. Peut-être que ces larves ont commencé à vivre dans la chenille qui, prenant continuellement de la nourriture, a pu les alimenter, filer son cocon et se changer en chrysalide, et que c'est dans cette dernière qu'ils ont achevé leur croissance en rongeant ses entrailles et lui donnant la mort. Ce petit Chalcidite prend son essor vers le 30 juillet. Il a beaucoup d'analogie avec l'espèce appelée *Encyrtus atricollis.*, N. d. E., mais il en diffère probablement, et je lui donnerai le nom provisoire de *cyanifrons.*

Encyrtus cyanifrons, G. — Longueur, 3/4 millim. Il est noir; les antennes sont filiformes *mâle*, en massue *femelle*, noirâtres à la base, jaunâtres à l'extrémité, composées de onze articles dont le premier long et les trois derniers soudés ensemble; la tête est relativement un peu grosse, noire, avec la face bleue; le thorax est épais, noirâtre; l'abdomen est sub-sessile, court, triangulaire, d'un noir-luisant; les cuisses sont noirâtres, avec la base et l'extrémité blanchâtres; les tibias sont blanchâtres; les intermédiaires sont un peu élargis à l'extrémité et terminés par une épine assez forte, ce qui permet à l'insecte de sauter; les tibias postérieurs sont bruns au milieu; les tarses sont blanchâtres; les ailes sont hyalines; la nervure sous-costale des supérieures touche le bord vers le tiers de la longueur de la côte, et s'en détache ensuite brusquement pour former le rameau stigmatique.

Ce petit Chalcidite saute très lestement et s'élance au loin d'un seul bond. Ils se poursuivent les uns les autres dans la boîte où on les a élevés et s'accouplent dans leur prison comme s'ils étaient en liberté.

Les chenilles de l'Yponomeute du Fusain nourrissent quelquefois dans leur corps un ver filiforme, blanchâtre, un peu moins gros qu'une chanterelle de violon à laquelle il ressemble et long de 4 à

5 centimètres. Ce ver sort de la chenille, dans l'intestin de laquelle il a vécu, vers le 2 juin, se roule sur lui-même et meurt presqu'aussitôt. Il ne paraît pas très dangereux pour ces chenilles et je ne me suis pas aperçu qu'il ait causé la mort d'aucune d'elles. Ce ver intestinal appartient au genre *Filaria.*

—

52. — L'Yponomeute de l'Orpin.

(Yponomeuta sedella, Dup.).

L'Orpin (*Sedum telephium*) est une plante que l'on trouve dans les vignes, sur la lisière des bois, et que l'on cultive dans les jardins comme plante d'ornement. Il arrive quelquefois que ses feuilles sont entièrement dévorées par une petite chenille qui vit en société nombreuse sur cette plante. Les chenilles se tiennent sous une toile de soie blanche d'un tissu très peu serré, qui enveloppe les feuilles qu'elles veulent ronger; elles se trouvent, ainsi que leur nourriture, à l'abri de la pluie et de l'humidité, ce qui paraît nécessaire à leur santé. Lorsqu'elles ont mangé les feuilles renfermées dans leur nid, elles étendent leur habitation et enveloppent de nouvelles feuilles ; elles parviennent en assez peu de temps à consommer toutes les feuilles et à envelopper toute la plante de fines toiles de soie ressemblant à des toiles d'araignée, comme on en voit quelquefois sur les pommiers ou sur le fusain. Elles sont très voraces et rongent l'écorce des tiges lorsque les feuilles leur manquent. Elles laissent leurs excréments dans leur habitation, ce qui la salit et la rend noirâtre en beaucoup de points. Elles ne se tiennent pas directement sur les feuilles pour les ronger, elles sont étendues de tout leur long sur des fils de soie qui les supportent et leur permettent d'entamer la feuille en la touchant seulement avec leurs dents.

On commence à les voir à la fin de juillet ou au commencement d'août et elles ont pris toute leur croissance vers le 1er octobre,

Elles ont alors 15 à 16 millim. de longueur. Elles sont fluettes, un peu fusiformes, d'un cendré-ardoisé ou d'un blanc-bleuâtre. La tête est jaune, avec le labre et les mandibules noirs ; elle est marquée d'un gros point noir de chaque côté. Les trois premiers segments et les quatre derniers sont jaunes sur les côtés ; le premier porte en dessus une plaque noire divisée en deux par une ligne longitudinale jaune. Chacun des segments suivants présente deux grandes taches noires, une de chaque côté, et des petits points de la même couleur auprès de la grosse tache, dont un à la base des pattes. Il sort un petit poil noir de chacun des points dont on vient de parler. Les pattes sont au nombre de seize, dont les six thoraciques noires et les autres de la couleur du corps.

Ces chenilles, n'ayant plus à croître, sortent de leur nid et se dispersent ; chacune cherche dans les environs le lieu qui lui convient pour filer son cocon et se changer en chrysalide. Ce cocon est tissu d'une soie blanche et formé d'une première enveloppe de bourre assez volumineuse, au milieu de laquelle se trouve un cocon d'un tissu plus fin ; l'étoffe est assez légère pour que l'on puisse apercevoir la chenille à travers. Sa forme est ovale, pointue aux deux extrémités. Au bout de peu de jours, elle se transforme en chrysalide qui passe l'hiver, et le papillon se montre en avril ou mai et produit une seconde génération de chenilles en août.

Ce petit papillon fait partie de la famille des Nocturnes, de la tribu des *Yponomeutides* et du genre *Yponomeuta*. Son nom entomologique est *Yponomeuta sedella*, et son nom vulgaire *Yponomeute de l'orpin*.

52. *Yponomeuta sedella*, Dup. — Longueur, 11 millim. (ailes pliées). Enverg., 18 millim. Les antennes sont filiformes, grises ; la tête est d'un gris de plomb ; les palpes sont grêles, légèrement arqués, d'égale grosseur dans toute leur étendue, noires à l'extrémité ; le corselet est d'un gris de plomb marqué de six points

noirs ; les ailes sont appliquées et comme roulées sur le dos et sur les côtés; les supérieures sont d'un gris de plomb luisant, avec trois rangées longitudinales de points noirs : une le long de la côte et deux parallèles au bord interne, formées chacune de cinq ou six points, dont le dernier n'avance pas au-delà des deux tiers de la longueur de l'aile ; la frange est grise ; le dessus des inférieures ainsi que le dessous des quatre ailes est gris ; la frange interne des inférieures est très longue; l'abdomen et les pattes sont du même gris que les ailes.

---

53. — **La Teigne de la Julienne.**

(PLUTELLA PORRECTELLA, Stn.).

La Julienne (*Hesperis matronalis*), est une plante qui figure avec honneur dans les jardins et les parterres, et dont les fleurs durent longtemps. Il arrive dans certaines années qu'elle est fortement endommagée par une petite chenille qui s'y trouve en grand nombre. Cette chenille se montre dans la première quinzaine de mai. Elle se tient cachée sous les feuilles, qu'elle applique contre la tige ou contre les boutons à fleurs, ou qu'elle colle l'une contre l'autre au moyen de fils de soie qui servent à les retenir. Se trouvant ainsi dérobée aux regards et à l'abri de la pluie et du soleil, elle ronge paisiblement les feuilles pour se nourrir. Lorsque ces chenilles sont en très grand nombre, la plante qu'elles ont envahie est déformée, déchiquetée, et l'on a de sérieuses craintes pour la floraison, car elles entament aussi les boutons à fleurs. On en trouve ordinairement plusieurs cachées sous la même feuille, vivant paisiblement ensemble. Quoique les dégâts qu'elles causent soient très considérables, la plante n'en souffre pas autant qu'on serait porté à le croire, car ils sont de peu de durée et la plante se remet assez promptement, dès qu'elle est débarrassée de ces petits animaux ; de nouvelles feuilles se reproduisent et toutes les fleurs qui n'ont pas été rongées s'épanouissent avec leur éclat ordinaire.

La chenille de la Julienne, parvenue à toute sa taille vers le 12 mai, a 10 millim. de longueur. Elle est un peu fusiforme, c'est-à dire légèrement renflée au milieu, et d'une couleur vert-pomme uni; la tête est d'un blanc-verdâtre; on y distingue la lèvre supérieure et les mandibules fauves, deux points oculaires noirs, deux antennes courtes, coniques, d'un vert-blanchâtre; le premier segment ne porte pas d'écusson; tous les autres segments présentent des points verruqueux noirs surmontés d'un poil, rangés en lignes transversales et disposés comme on le remarque sur les chenilles des Tordeuses et des Tinéites, elle est pourvue de seize pattes, dont les six thoraciques sont d'un vert-blanchâtre et les autres de la couleur du corps.

Dès que ces chenilles n'ont plus à croître et qu'elles cessent de manger, elles quittent la plante sur laquelle elles ont vécu, ce qui arrive vers le 13 mai, et se répandent dans les environs, cherchant un endroit convenable pour construire leur cocon. Elles choisissent un point fixe, une branche, un tuteur ou tout autre corps pour l'attacher. Ce cocon est long de 14 millim., ovalaire, allongé, rétréci en pointe aux deux bouts, tissu à clair voie ou à maille de dentelle, d'une soie assez grossière, d'un blanc jaunâtre. Toutes les chenilles ont filé leurs cocons le 15 mai et s'y tiennent couchées de tout leur long. Les premiers Lépidoptères en sornett et se montrent le 30 mai, et toute la nichée éclôt dans un ou deux jours.

Ce petit papillon a ses antennes simples, filiformes, de la longueur du corps; les palpes longs, épais, portés droits en avant et de leur milieu, correspondant à l'extrémité du deuxième article, il s'élève un troisième article nu, subulé, qui se dresse et se courbe en dessus de la tête. La trompe se voit entre les palpes. Les ailes supérieures sont étroites, allongées, et l'angle du sommet est aigu.

Ces caractères placent ce papillon dans la famille des Nocturnes, dans la tribu des Tinéites et dans le genre *Plutella*, St. Son nom entomologique est *Plutella porrectella*, et son nom vulgaire *Teigne de la Julienne*. Olivier et Latreille lui donnent le nom de *Alucita Julianella*, qui correspond à la *Tinea porrectella*, Lin.

53. *Plutella porrectella*, St. — Longueur, 9 millim. (ailes pliées). Elle est blanchâtre. Les antennes sont filiformes, annelées de blanc et de noir à l'extrémité ; les palpes dépassent beaucoup la tête et sont noirâtres sur le côté extérieur ; le troisième article est blanchâtre, relevé en dessus de la tête ; les yeux sont verdâtres ; la trompe est blanche ; les ailes supérieures sont allongées et tombent de chaque côté du corps en toit arrondi au sommet ; elles sont un peu relevées à l'extrémité ; elles sont blanchâtres, marquées d'une bande brune partant de la base, s'étendant jusqu'à l'extrémité, flexueuse au milieu ; d'une ligne plus pâle, droite, située entre cette bande et le bord antérieur, et de trois ou quatre petites taches le long de ce bord, depuis le milieu jusqu'à l'extrémité, et de quelques taches brunes le long du bord interne. La frange est noire, entrecoupée de blanc et bordée à sa base d'une raie noirâtre ; les ailes inférieures sont noirâtres, plus larges que les supérieures et bordées d'une frange noire ; le dessous du corps est blanchâtre, les pattes antérieures sont noirâtres ; les autres pattes et les tarses sont blanchâtres.

Cette espèce a deux générations par an, l'une en mai, l'autre en août. Linné dit qu'elle habite sur différentes plantes de la Tétradynamie, c'est-à-dire sur différentes plantes de la famille des Crucifères. Ses parasites n'ont pas encore été signalés.

54. — La Teigne du Lilas.

(Gracilaria Syringella, Dup.).

Les Lilas qui ornent les jardins et les parterres ont quelquefois beaucoup à souffrir des dégâts qu'une petite chenille cause à leurs feuilles. Cette chenille se montre en différents temps, depuis le mois de mai jusqu'au mois d'octobre, mais c'est ordinairement en juin qu'on la voit en plus grand nombre. A cette époque, on peut remarquer des feuilles de lilas minées, ayant une tache blanchâtre plus ou moins grande et d'une forme irrégulière sur leur surface, et si l'on regarde cette tache par transparence, on voit qu'elle renferme des petites chenilles entre les deux membranes de la feuille, occupées à brouter le parenchyme interposé et à l'agrandir en en reculant les bords. Elles sont en nombre variable dans cette habitation, depuis une jusqu'à dix ou douze, et sont très petites. Au 30 juin, celles que j'ai examinées n'ont que 2 1/2 à 3 millim. de longueur. Leur couleur est un blanc-cristallin, leur forme cylindrique, mais un peu atténuée en allant vers l'extrémité postérieure. La tête est écailleuse, luisante, blanchâtre, avec la bouche brunâtre et une petite tache noirâtre de chaque côté, près des mâchoires, que l'on est disposé à prendre pour un œil. On distingue à peine des points verruqueux de la couleur du corps sur chaque segment, de chacun desquels il sort un poil. Elle est pourvue de seize pattes blanchâtres. La transparence du corps permet de distinguer le tube intestinal rempli d'une matière verte.

Ces chenilles se nourrissent très bien en captivité dans leur jeune âge ; il suffit de leur donner chaque jour une feuille de lilas fraîche que l'on place sur l'ancienne. Elles quittent leur galerie pour s'établir entre les feuilles qu'elles fixent l'une à l'autre avec des fils de soie et rongent la face inférieure sans entamer la supérieure. Elles sont là comme si elles étaient dans leur habitation primitive. Elles grandissent lentement et se fortifient peu à peu, mais arrivées au 18 juillet elles ont commencé à s'échapper de leur prison, et le 22 il n'y en restait plus aucune et je n'ai pu savoir ce qu'elles sont devenues.

Dans leur état naturel, elles quittent la galerie dans laquelle elles ont vécu en société, et chacune d'elles va choisir une feuille dont elle enroule le bout ou le bord pour s'en faire un logement qu'elle consolide avec des fils de soie afin que la feuille ne puisse se dérouler. L'enroulement se fait en dessous afin que la chenille puisse en ronger la surface inférieure. Si elle n'est pas rassasiée, elle quitte son logement et va en construire un autre un peu plus loin. Lorsqu'elle est parvenue à toute sa croissance, elle se change en chrysalide dans un léger cocon de soie blanche qu'elle construit dans son habitation. La chrysalide est jaune ; les antennes et les fourreaux des ailes atteignent l'extrémité de l'abdomen. L'époque de l'éclosion du papillon varie comme celle de l'apparition de la chenille. Suivant Treitschke, la première génération paraît en mai et la seconde quinze jours ou trois semaines après. Les papillons de mai proviennent de chenilles qui se sont montrées en octobre et qui se sont changées en chrysalides dans des cocons que l'on trouve à la surface de la terre. Il est vraisemblable que les chenilles d'octobre se métamorphosent, comme les autres, dans les feuilles roulées sur les bords ; ces feuilles venant à tomber et à pourrir pendant l hiver, leur cocon reste à la surface du sol.

Ce petit papillon se classe dans la tribu des Tinéites et dans le genre ***Gracilaria.*** Son nom entomologique est ***Gracilaria Syringella***, et son nom vulgaire *Teigne du Lilas*.

54. *Gracilaria Syringella*, Dup. — Longueur 6 millim. (ailes pliées). Les antennes sont filiformes, à peu près de la longueur du corps ; la tête est lisse, globuleuse ; les palpes inférieures sont grands, peu garnis d'écailles et relevés en dessus de la tête ; les deuxième et troisième articles sont d'égale longueur et le troisième est terminé en pointe mousse ; la trompe manque. Les ailes supérieures sont très longues, très étroites, d'un brun-sombre-doré ou café-luisant, avec quelques parties plus sombres. Le bord antérieur est marqué de quatre ou cinq traits blancs se dirigeant vers le bord interne et formant des taches ; le bord postérieur est

bordé de noir ; à la pointe de l'aile on voit une demi-lune blanchâtre s'avançant jusque dans la frange, qui est longue et grise ; les ailes inférieures sont presque linéaires, d'un brun-roux, garnies tout autour d'une longue frange blanchâtre. Le dessous des ailes supérieures est brun taché de blanc ; celui des inférieures est comme le dessus ; la tête et le corselet sont de la couleur des ailes supérieures en dessus, et l'abdomen participe de la couleur des inférieures.

—

55. — **Le Ptérophore rhododactyle.**

(Pterophorus rhododactylus, Dup.).

La chenille du petit Lépidoptère appelé Ptérophore rhododactyle est très nuisible aux roses, et lorsqu'elle est abondante dans un jardin orné de rosiers, elle y devient un véritable fléau. Elle est beaucoup plus nuisible que les autres chenilles dont on a parlé, qui attaquent les feuilles, parce qu'elle ronge les boutons et détruit les fleurs. On la voit dans les derniers jours de mai et pendant le mois de juin dans le temps que les roses sont en boutons et qu'elles sont sur le point de s'épanouir. Lorsque l'un de ceux-ci est isolé, elle fixe contre lui une feuille voisine au moyen de quelques fils de soie, puis elle se tient entre les deux et se met à ronger les folioles du calice pour arriver aux pétales qu'elle entame. Elle élargit de plus en plus cette entrée et finit par dévorer tout l'intérieur du bouton. Celui ci jaunit et bientôt se flétrit et meurt. Si elle trouve à sa portée deux boutons contigus, elle les fixe l'un à l'autre avec des fils de soie et se glisse entre eux, les entamant l'un et l'autre à son aise et à sa fantaisie. Quelquefois elle réunit trois boutons et se tient au centre du paquet, attaquant tantôt l'un, tantôt l'autre, mais les blessant tous et les empêchant de grossir et de s'épanouir. Dans tous ses gîtes elle se met à couvert du soleil, de la pluie et du vent, et vit dans une obscurité favorable à sa croissance. Tous les boutons qu'elle a rongés plus ou moins profondément jaunissent et meurent; et c'est à cette couleur que l'on reconnaît la présence de la chenille. Elle se plaît particulièrement sur les rosiers dits de *tous mois* dont les fleurs sont disposées en paquets serrés, se touchant les unes les autres, et par conséquent rangées d'une manière favorable à son industrie.

Cette chenille, examinée le 23 mai, a 12 millim. de longueur. Son corps est fusiforme, c'est-à-dire un peu plus épais au milieu qu'aux deux extrémités, d'une couleur vert-jaunâtre; on y remarque une raie dorsale rougeâtre sur les quatre ou cinq premiers segments et sur les trois derniers; sa tête est blanchâtre, marquée de plusieurs points noirs, mais les mâchoires et la lèvre supérieure sont brunes; tout le corps est parsemé de poils dressés assez nombreux, longs sur les côtés, courts sur le dos; elle est pourvue de seize pattes dont les six thoraciques sont annelées de noir et de vert-blanchâtre et les dix abdominales sont de cette dernière couleur.

Il est très facile de l'élever en captivité, car il suffit de la mettre dans une boîte et de lui servir des boutons de roses pour sa nourriture. Lorsqu'elle a pris toute sa croissance, elle quitte le lieu où elle a vécu, et va dans les environs choisir un emplacement pour se fixer au moyen de quelques fils de soie qui la soutiennent; c'est contre une feuille ou une branche qu'elle se place pour se changer en chrysalide et ensuite en insecte parfait qui prend son essor du 14 au 19 juin.

Ce petit Lépidoptère entre dans la famille des Nocturnes, dans la tribu des Ptérophorites et dans le genre *Pterophorus*. Son nom entomologique est *Pterophorus rhododactylus*, et son nom vulgaire *Ptérophore rhododactyle*.

55. *Pterophorus rhododactylus*, Lat. — Longueur, 10 millim. Enverg. 24 millim. Il est d'un jaune-testacé; les antennes sont simples, sétacées, annelées de blanc et de noir; la tête et le thorax

sont d'un jaune testacé; l'abdomen est rétréci à la base et va en s'élargissant jusqu'aux deux tiers de sa longueur, puis il s'atténue pour finir en pointe obtuse; il est de la même couleur que le thorax, et porte une raie blanche de chaque côté sur les trois premiers segments qui forment le rétrécissement; les ailes supérieures sont fendues en deux lanières; elles sont d'une couleur jaune-testacé et sont traversées par deux raies blanches, obliques, convergeant vers la côte; les inférieures sont divisées en trois lanières, de la même couleur que les supérieures, dont la deuxième est tachée de blanc; les pattes sont annelées de blanc et de jaune testacé.

Quoique cette chenille prenne la précaution de se cacher dans un paquet de feuilles et de boutons de roses, elle n'en est pas moins la proie de parasites qui savent la découvrir soit pour pondre leurs œufs dans son corps, soit simplement sur sa peau. Les petites larves sorties de ces œufs sucent la chenille et la font périr. Le 24 juin il a paru trois petits Ichneumoniens du genre *Microgaster* dans la boîte où j'élevais plusieurs de ces chenilles récoltées le 23 mai; ces chenilles avaient été blessées et nourrissaient dans leur corps les larves parasites qui ont donné ces petits Ichneumoniens. L'espèce ressemble beaucoup à celle appelée *Perspicuus* et je la décrirai sous ce nom, quoique je ne sois pas parfaitement sûr de l'exactitude de cette détermination.

Microgaster perspicuus? N. d. E. — Longueur, 2 1/2 millim. Les antennes sont noires, filiformes, à peu près de la longueur du corps; la tête et le thorax sont noirs et les palpes pâles; l'abdomen est noir, sub-sessile, ovalaire, de la longueur du thorax, et d'un brun-fauve en dessous à la base; les pattes sont généralement fauves, mais les hanches et la base des trochanters sont noires; la base des cuisses antérieures et moyennes, ainsi que les cuisses postérieures, et l'extrémité de leur tibias sont aussi noires; les tarses postérieurs sont noirâtres; les ailes sont hyalines, à stigma noir; les supérieures présentent deux cellules cubitales.

Un autre parasite pond ses œufs, au nombre de cinq ou six, sur le corps de la chenille du Ptérophore. Les petites larves qui en sortent restent couchées sur elle et percent sa peau avec leurs petites dents. Elles sucent par cette blessure les liquides qu'elle renferme et prennent tout leur accroissement sans changer de place; mais arrivées à toute leur taille elles quittent la chenille et vont se réfugier dans un coin où elles se cachent sous une toile de soie très fine et très claire, qu'elles construisent pour s'isoler. Quant à la proie qu'elles ont sucée elle meurt vidée et réduite à sa peau.

Cette petite larve a 3 millim. de longueur. Elle est de forme conique; la tête est petite, ronde, blanche, rentrée en partie dans le premier segment du corps; la bouche est dessinée par un trait fin tri-lobé; la couleur générale du corps est un blanc-jaunâtre; les segments sont distincts, au nombre de douze sans la tête, et l'on voit sur le dos des mamelons rétractiles en nombre variable, rangés en ligne longitudinale, dont elle se sert pour se retourner et se mouvoir; le développement de cette larve est très rapide; car, éclose le 2 juin, elle avait quitté sa proie le 4, filé sa toile le 5 et l'insecte parfait s'était envolé le 25 du même mois.

Il fait partie de la tribu des Ichneumoniens, de la sous-tribu des Braconites, comme le précédent, et du genre *Bracon*. L'espèce ressemble beaucoup au *Bracon variegator*, et je la décrirai sous ce nom avec un point de doute, car je ne suis pas parfaitement sûr de l'identité.

Bracon variegator? N. d. E. — Longueur, 3 1/2 millim. Il est noir, varié de fauve; les antennes sont noires, de la longueur du corps; la tête est d'un fauve pâle, ayant les yeux, les stemmates et l'occiput noirs, ainsi que les mandibules; les palpes sont fauves; le thorax est noir, marqué d'une tache fauve échancrée en avant de l'écusson; ce dernier est fauve avec une tache noire à la base; on voit en outre une tache fauve à la base des ailes; l'abdomen est ovalaire, sub-pédonculé, de la longueur de la tête et du thorax, ayant ses deux premiers segments testacés, ainsi que les bords latéraux des troisième et quatrième; ces derniers et les suivants sont noirs; les hanches sont noires ; les trochanters fauves ; les cuisses noires à extrémité fauve ; les tibias fauves à extrémité noire et les tarses noirs excepté les antérieurs qui sont d'un brun-fauve; les ailes sont transparentes, lavées de noir jusqu'au milieu, avec les nervures et le stigma noirs; la nervure récurrente tombe dans la première cellule cubitale.

La femelle est semblable au mâle que l'on vient de décrire, mais son abdomen est un peu plus court et plus large, ayant la base du premier segment, les bords latéraux des autres ainsi que le dernier fauves ; la tarière est courte, de la longueur des deux derniers segments.

On fait la chasse à la chenille de ce Ptérophore en observant les boutons de roses qui jaunissent, en les cueillant avec soin de manière à enlever les chenilles qui les rongent et en tuant ces dernières. Si le bouton est très peu entamé on le laisse en place et on se contente d'écraser la chenille.

—

56. — **Le Ptérophore du Liseron.**

(Pterophorus didactylus, Dup.).

Le Liseron des haies (*Convolvulus Sepium*) se montre dans les parterres, qu'il orne de ses jolies fleurs en entonnoir, blanches ou blanches rayées de rose. Elles s'épanouissent dans les premiers jours d'août, et l'on peut remarquer fréquemment à cette époque qu'il y en a qui ne s'ouvrent pas, dont la corolle infondibuliforme ressemble à un long tuyau plissé qui reste fermé. Celles qui présentent ce caractère renferment dans leur intérieur une petite chenille qui ronge pour se nourrir le pistil, les étamines de l'ovaire. Lorsqu'elle a mangé tout ce qui lui convient dans une fleur, elle en cherche une autre dans laquelle elle s'introduit pour dévorer les mêmes parties, et continue ainsi jusqu'à ce qu'elle ait pris toute sa croissance. Elle préfère les fleurs fermées, mais sur le point de s'épanouir, à celles qui sont entièrement ouvertes; on peut cependant la voir dans ces dernières. Parvenue à toute sa taille vers le 15 août, elle sort de son habitation et va chercher dans les environs un lieu propice pour sa métamorphose en chrysalide. Elle a alors 11 millim. de longueur. Elle est d'un vert très pâle tirant sur le jaune, et son corps est couvert de petits bouquets de poils. Elle est cylindrique, un peu atténuée à l'extrémité postérieure. La tête est verte comme le corps, armée de deux mandibules brunes, pourvues de deux petites antennes coniques, vertes, et de deux points oculaires noirs; les incisions des segments sont jaunâtres; elle est pourvue de seize pattes vertes, dont les huit abdominales ont la jambe longue en forme de jambe de bois; la raie dorsale est d'un vert plus foncé que le reste du corps.

Elle se place, pour se métamorphoser, le long d'une branche ou sur une feuille, étendue en ligne droite la tête en bas, et de temps à autre elle soulève la partie antérieure de son corps qui paraît raide comme un petit bâton; elle quitte bientôt sa dernière peau et devient une chrysalide rougeâtre, velue, ressemblant à une chenille immobile; l'insecte parfait éclôt vers le 20 août.

Il est classé dans la famille des Nocturnes, dans la tribu des Fissipennes ou Ptérophorites et dans le genre *Pterophorus*. Son nom entomologique est *Pterophorus didactylus*, et son nom vulgaire *Ptérophore du Liseron*, *Ptérophore didactyle*.

56. *Pterophorus didactylus*, Dup. — Longueur, 12 millim. Enverg. 28 millim. Les antennes sont filiformes, blanches, annelées de noir, grêles, un peu moins longues que le corps; la tête est d'un gris-jaunâtre; les palpes sont courts et dépassent à peine la tête; les yeux sont saillants et noirs; la trompe est longue, le corselet est d'un gris-jaunâtre, épais et court; l'abdomen est long

et grêle, de la couleur du corselet; les ailes supérieures sont encore de la même nuance en dessus, noirs en dessous, très étroites, marquées de trois ou quatre points noirs à l'extrémité, avec la frange noirâtre; elles sont fendues en deux jusqu'au milieu de leur longueur; les inférieures sont noires, à frange noirâtre, et divisées en trois jusqu'à la base; les pattes sont d'un gris-jaunâtre.

Dans le repos ce petit Lépidoptère tient ses ailes inférieures pliées et cachées sous les supérieures qui sont étendues perpendiculairement au corps et ses pattes postérieures allongées, serrées contre l'abdomen auquel elles semblent former une queue; il ressemble à la lettre T. Les ailes supérieures forment un canal en dessous pour recevoir les inférieures.

La chenille du Ptérophore didactyle est atteinte par un petit parasite qui la perce avec sa tarière et introduit un œuf dans son corps, d'où résulte une larve qui ronge intérieurement cette chenille et la fait mourir. Dès que cette larve a pris toute sa croissance, elle perce le corps de la chenille pour se mettre en liberté et c'est alors que cette dernière expire; puis elle s'enveloppe dans un petit cocon ovale de soie blanche dans laquelle elle se change en chrysalide, puis ensuite en insecte parfait qui coupe un des bouts du cocon pour pouvoir prendre son essor.

Ce petit parasite est un Ichneumonien de la tribu des Braconites et du genre *Microgaster*. L'espèce ressemble beaucoup au *Microgaster sessilis* N. d. E., et je la décrirai sous ce nom, mais avec un point de doute.

Microgaster sessilis ? N. d. E. — *Mâle*. Longueur, 3 millim. Il est noir, luisant; les antennes sont noires, filiformes, de la longueur du corps; la tête est noire; les palpes sont blanchâtres; le thorax est noir, luisant; l'abdomen est sub-sessile, ovalaire, un peu plus étroit que le thorax et de la longueur de ce dernier; les pattes antérieures sont d'un fauve-brun, avec la base des cuisses noire; les intermédiaires sont noires, avec l'extrémité des cuisses, le milieu des tibias d'un fauve-brun; les postérieures sont noires, ayant la base des tibias d'un fauve brun; les ailes sont hyalines, blanches; le stigma et la nervure qui en descend sont noirs; les autres nervures sont incolores; les antérieures sont pourvues de deux cellules cubitales, la première en pentagone irrégulier, la deuxième à peine commencée.

Je conjecture que le Ptérophore didactyle vit aussi sur les autres espèces de Liserons indigènes que l'on cultive dans les jardins.

—

57. — Le Ptérophore en éventail.

(Orneodes hexadactylus, Lat.).

Dans les années favorisées d'une température ordinaire, le chèvrefeuille des jardins (*Lonicera caprifolium*) entre en fleur pendant la première quinzaine de mai et un peu plus tard lorsque le printemps est froid. Si alors on examine ses fleurs on en voit quelques unes qui ne sont pas ouvertes et qui sont percées d'un petit trou rond vers le milieu de leur longueur. Pour connaître la cause de cet accident, il faut les ouvrir, ce qui permet d'en explorer l'intérieur et de constater que la partie renflée ou le sommet de la fleur contient une petite masse d'excréments en petits grains d'un gris-jaunâtre; que le pistil, les étamines et les ovaires ont été rongés par une petite larve qui, ayant acquis toute sa croissance, a percé un trou pour sortir de sa prison et aller chercher, dans les environs, un lieu convenable pour y subir ses métamorphoses.

Cette larve est une petite chenille de couleur blanche dans sa jeunesse et qui prend ensuite une teinte carnée lorsqu'elle approche du moment de sa métamorphose en chrysalide. Parvenue à toute sa taille vers le 15 mai, elle a environ 8 millim. de longueur. Elle est fluette, cylindrique, mais légèrement atténuée à son extrémité postérieure; la tête est d'un fauve très pâle; le labre et les mandibules sont d'un fauve-brunâtre; elle est un peu luisante et pourvue de seize pattes blanches. Dès qu'elle s'est mise en liberté elle cherche une cachette dans laquelle elle tend des fils de soie qui ne forment pas un cocon fermé, mais une toile à larges mailles irrégulières, lui servant de support plutôt que d'enveloppe protectrice, et se change en chrysalide au bout de peu de jours. Cette dernière a 6 millim. de longueur. Elle est lisse, d'un blanc-jaunâtre; le thorax est un peu plus foncé; les fourreaux des ailes descendent presque jusqu'à l'extrémité de l'abdomen et sont sillonnés de lignes longitudinales; les pattes les dépassent un peu.

Le papillon se montre dès le 7 juin, ce qui donne 15 à 18 jours de durée à l'état de chrysalide. Il est classé dans la famille des Nocturnes, la tribu des Fissipennes et dans le genre *Orneodes*. Son nom entomologique est *Orneodes hexadactylus*, et son nom vulgaire *Ptérophore en éventail*.

57. *Orneodes hexadactylus*, Lat. — Longueur, 7 millim. Enverg. 13 millim. Les antennes sont grises, simples, un peu moins longues que le corps; les palpes sont d'un cendré-roussâtre, portés droits en avant de la tête, la dépassant notablement, ayant le deuxième article très velu, le troisième nu, gris au milieu, blanc aux deux extrémités; la tête, le corselet et l'abdomen sont variés de gris-foncé et de cendré; les ailes supérieures sont cendrées, variées de blanc et traversées par trois raies d'un gris-noirâtre, la médiane plus large et plus colorée que les deux autres; elles paraissent divisées en six plumes à barbes fines; les inférieures sont divisées en six plumes tachées alternativement de cendré, de gris et de blanc; les pattes sont cendrées et les tarses annelés de gris et de blanchâtre.

Lorsque ce petit papillon est posé ou lorsqu'il marche il étale ses ailes en demi-cercle dont le diamètre est formé par la côte des supérieures, et dont la circonférence passe par l'extrémité de l'abdomen. Vu à la loupe il est très joli à cause de l'élégance des plumes dont ses ailes sont formées. On le voit très communément dans les appartements des maisons de campagne, posé sur les vitres des fenêtres.

Ce même Ptérophore se développe aussi dans la Scabieuse des champs (*Scabiosa arvensis*) et peut-être dans les Scabieuses que l'on cultive dans les parterres comme plantes d'ornement. La chenille dévore les semences en introduisant sa tête dans l'intérieur pour en manger la substance encore verte.

J'ai remarqué que cette dernière est atteinte par un parasite qui en détruit un grand nombre. Cet insecte pond dans lecorps de la chenille un œuf qui, étant éclos, donne naissance à une larve qui cause la mort de cette dernière, lorsque lui-même a pris tout son accroissement. Il s'est montré chez moi le 28 juillet. Ce parasite est un Ichneumonien de la sous-tribu des Braconites et du genre *Chelonus*. L'espèce me paraît se rapporter au *Chelonus retusus*, N. d. E.; je n'en suis pas cependant parfaitement sûr.

Chelonus retusus? N. d. E. — Longueur, 3 millim. Il est noir; les antennes sont filiformes, un peu moins longues que le corps; la tête est noire ainsi que le thorax, qui est rugueux ; le métathorax est armé en arrière de deux courtes épines obtuses, une de chaque côté; l'abdomen est formé d'une carapace noire, inarticulée, sessile, ovalaire, de la longueur de la tête et du thorax, arrondie en arrière, marquée en dessus de stries fines, serrées, longitudinales, à peine distinctes; les pattes sont noires, avec l'extrémité des cuisses antérieures, les tibias antérieurs et un anneau aux tibias postérieurs d'un testacé-fauve; les ailes ne dépassent guère l'abdomen; elles sont transparentes, un peu obscures, avec une raie un peu obscure dans la première cellule cubitale; le stigma est noir; les supérieures ont une cellule radiale courte, triangulaire et trois cellules cubitales, la première grande, confondue avec la première discoïdale, la deuxième petite, très rétrécie vers la radiale, la troisième atteint le bout de l'aile.

58. — La Cécydomyie de la Tanaisie.

(CECYDOMYIA TANACETI, Win.).

La Tanaisie (*Tanacetum vulgare*) se voit assez souvent dans les jardins et dans les parterres, où elle se fait remarquer par ses fleurs touffues, d'un beau jaune-doré en forme de petites têtes hémisphériques, réunies en gros bouquets à l'extrémité d'un grand nombre de rameaux sur une tige de 65 à 80 centimètres de hauteur. Leur éclat est relevé par un feuillage d'un vert-foncé agréablement découpé, répandant une odeur pénétrante et désagréable. La plante jouit de nombreuses propriétés médicinales.

On peut remarquer, dans certaines années, que les tiges de la Tanaisie sont entourées d'un nombre très considérable d'excroissances qui viennent au point où naissent les feuilles et qui enveloppent ces tiges comme une couronne. Ces excroissances ou galles sont contiguës et pressées les unes contre les autres ; elles sont rondes, à peu près de la grosseur d'un pois, herbacées, sessiles, vertes comme la plante, ressemblant à une pomme en miniature, à cause des très petites folioles qui se montrent au sommet, lesquelles figurent l'œil du fruit. Ces excroissances sont ordinairement simples, mais on en trouve de doubles, formées de deux galles simples qui se sont pénétrées. Chaque galle renferme une cellule dans laquelle vit une petite larve, et lorsque la galle est multiple, il y a autant de cellules qu'il y a de galles réunies. La cellule n'est pas hermétiquement fermée ; il existe une très petite ouverture entre les folioles de l'œil qui communique avec son intérieur et par laquelle sortent les insectes lorsqu'ils sont arrivés à l'état parfait.

On trouve ces galles sur les tiges de Tanaisie pendant toute la belle saison et on peut y voir des larves au commencement des mois de juin et d'août ; ce qui prouve que l'insecte a au moins deux générations par an. La larve, parvenue à toute sa taille, a environ

3 millim. de longueur. Elle est oblongue, molle, glabre, apode, un peu déprimée, de couleur jaune-orange et formée de onze segments sans compter le tête qui est triangulaire et peut rentrer dans le premier segment du corps. Elle se change en chrysalide dans sa cellule, et l'insecte parfait se montre vers le 10 août pour la première génération.

Il est classé dans l'ordre des Diptères, la famille des Némocères, la tribu des Gallitipulaires et dans le genre *Cecydomyia*. Son nom entomologique est *Cecydomyia Tanaceti*, et son nom vulgaire *Cecydomyie de la Tanaisie*.

58. — *Cecydomyia Tanaceti*, Win. — Longueur, 2 1/2 millim. Les antennes sont un peu moins longues que le corps, d'un noirâtre-pâle, formées de dix-huit articles ovalaires, pédicellés et verticillés; la tête, le corselet sont d'un brun-noirâtre; l'abdomen est sub-cylindrique, d'un noirâtre-pâle, composé de huit segments dont le dernier est terminé par deux crochets comprenant entre eux une pointe charnue; les cuisses sont noirâtres; les tibias et les tarses pâles; les ailes sont obscures, diaphanes, velues, pourvues de trois nervures longitudinales; la tête du balancier est noirâtre et son pédicule pâle.

Femelle. — Elle est semblable au mâle; mais les antennes sont plus courtes et n'ont que quatorze articles non pédicellés. L'abdomen est ové-conique, formé de six segments et d'un oviducte composé de trois tuyaux rentrant l'un dans l'autre, le troisième plus menu et au moins aussi long que les deux autres pris ensemble.

Dans l'état de repos l'oviducte est rentré dans l'abdomen. C'est avec cet instrument que la Cécydomyie dépose ses œufs à l'aisselle des feuilles.

Lorsque l'insecte vient de naître, son abdomen et sa poitrine sont d'un rouge de sang; bientôt la tête et le dos du thorax brunissent et deviennent noirs ; l'abdomen prend une nuance d'un testacé-brun.

Un insecte aussi commun que la Cécydomyie de la Tanaisie, dont les larves sont extrêmement nombreuses, ne peut manquer d'avoir un modérateur qui s'oppose à sa trop grande multiplication et l'empêche de détruire la plante. Ce modérateur est ordinairement un Chalcidite du genre *Callimome*, qui me paraît se rapporter à l'espèce appelée *Torymus nigricornis?* N. d. E. dont les larves vivent dans les galles et mangent celles de la Cécydomie. Elles subissent leurs transformations dans les cellules qu'elles ont usurpées et les insectes parfaits en sortent à la fin du mois d'août.

Callimome nigricornis? N. d. E. — *Femelle.* Longueur, 2 1/2 millim., avec la tarière 4 1/2 millim. Elle est vert-doré brillant; les antennes sont noires, coudées, ayant le premier article jaune en dessous, les yeux sont rougeâtres (vivant), bruns (mort) ; la tête et le corselet sont d'un vert-doré brillant, ponctués ; l'abdomen est lisse, luisant, sub-sessile, d'un vert-bleuâtre ; les hanches sont vertes ; les cuisses antérieures et moyennes, tachées de vert à l'extérieur ; les postérieurs vertes, avec l'extrémité d'un jaune-paille ; les tibias sont jaunâtres ; les postérieurs sont tachés de brun au milieu ; les ailes sont hyalines ; la tarière est de la longueur de l'abdomen, ascendante.

Mâle. — Longueur, 2 millim. Il est semblable à la femelle ; mais le premier article des antennes est vert en dessous et il présente un peu plus de vert sur les cuisses ; d'ailleurs il manque de tarière.

Un autre modérateur de la même Cécydomyie est un très petit Hyménoptère, de la famille des Pupivores, comme le précédent, mais de la tribu des Oxyuriens et du genre *Platygaster*. Sa larve vit dans le corps de celle de la Cécydomyie ; elle en mange toute la substance interne et ne laisse que la peau qui lui sert de coque lorsqu'elle se change en chrysalide. Cette chrysalide n'occupe même qu'une partie de cette peau et la coque est aplatie aux deux extrémités. L'insecte en sort pendant la deuxième quinzaine d'août. Il a une très grande ressemblance avec l'insecte appelé *Platygaster armatus* par Nées d'Esembeck, et je lui donnerai ce nom, mais avec le signe de doute.

Platygaster armatus? N. d. E. — Longueur, 1 millim. Il est noir; les antennes sont filiformes, roussâtres, atteignant l'extrémité du corselet, formées de dix articles, dont le premier est le plus long; la tête et le corselet sont noirs; l'écusson est de la même couleur et se prolonge en épine droite; l'abdomen est noir, lisse, terminé en pointe obtuse; les pattes sont roussâtres, avec la plus grande partie des cuisses postérieures et l'extrémité des tibias de la même paire noires; les cuisses sont renflées au milieu et l'extrémité des tibias est renflée en massue; les ailes sont hyalines et dépassent l'extrémité de l'abdomen; elles sont privées de nervures.

Les tiges ne sont pas les seules parties de la plante sur lesquelles croissent les galles, on en voit aussi sur les fleurs. Ces dernières ne paraissent que dans le mois d'août, et sont entièrement semblables à celles des tiges que l'on a décrites plus haut. Elles sont formées par l'expansion d'un fleuron qui prend un développement extraordinaire sans pouvoir s'ouvrir. La galle est en saillie sur le disque de la fleur et présente un œil comme la première. Quelquefois il n'y a qu'une seule galle sur une fleur, d'autres fois il y en a deux, trois ou un plus grand nombre.

Les parasites de la Cécydomyie de la Tanaisie sont si nombreux dans certaines années, qu'ils exterminent complétement la Tipulaire dans une localité; c'est ce que j'ai pu constater en 1856. Les galles de cette plante ont été excessivement nombreuses cette année-là et les années précédentes. Elles produisaient beaucoup de Cécydomyies avant 1856, mais cette même année elles n'ont pas donné une seule Tipulaire et n'ont laissé sortir que des parasites. Depuis cette époque, je ne l'ai pas remarquée.

59. — La Mineuse de l'Angélique.

(TEPHRITIS ONOPORDINIS, Fall.).

L'Angélique (*Angelica archangelica*) est une plante qui intéresse par la beauté de son port, par l'odeur suave qu'elle exhale, par l'utilité qu'on en retire. Aussi la cultive-t-on dans les jardins et les parterres. Elle s'élève à 1 m. 50 de hauteur et porte des fleurs en ombelles. Les confiseurs préparent avec les jeunes tiges des sucreries qui flattent également le goût et l'odorat. Dans les contrées du nord de l Europe, les habitants emploient l'Angélique comme une plante potagère. Cette plante jouit en outre de nombreuses propriétés médicinales.

On a fréquemment l'occasion de remarquer, au commencement du mois de juin, des feuilles d'Angélique minées par des larves logées entre les deux membranes, qui mangent, pour se nourrir, le parenchyme interposé. Les espaces minés sont fort étendus et comprennent quelquefois la feuille entière. Il y a ordinairement plusieurs larves dans la même galerie, rongeant, chacune de son côté et habitant le même logement sans se nuire. Elles croissent assez rapidement et arrivent à toute leur taille vers le 12 juin. Elles sortent alors de la feuille dans laquelle elles ont vécu et se laissent tomber à terre où elles s'enfoncent à quelques centimètres de profondeur ; puis elles se changent en pupes dans l'espace de moins d'un jour.

Lorsque cette larve est parvenue à toute sa croissance, elle a 6 millim. de longueur. Elle est conique, allongée, d'un vert-jaunâtre-pâle, molle, glabre, apode, rétractile, formée de onze segments, sans compter la tête, qui est molle, conique, pouvant rentrer dans le premier segment. La bouche renferme un crochet noir, écailleux, de la grosseur d'un crin, que l'insecte fait sortir et rentrer à volonté, et dont il se sert pour piocher sa nourriture et la porter dans sa bouche. On peut distinguer, à la loupe, deux petits points bruns au bord postérieur du premier segment, auxquels aboutissent deux filets blancs très déliés; ces points sont les stigmates antérieurs et les filets blancs les vaisseaux trachéens. Le dernier segment est terminé par deux petits mamelons ou tubercules à extrémité jaunâtre, qui représentent les stigmates postérieurs. Une ligne dorsale noirâtre, occupant les trois derniers segments, indique l'extrémité du tube intestinal rempli des résidus de la digestion, qui paraissent à travers la transparence de la peau.

La pupe a 4 1/2 millim. de longueur. Elle est d'un vert-jaunâtre très pâle, ovale, formée de dix segments séparés par des étranglements assez profonds, et ne présente ni pointes ni tubercules à ses extrémités, qui sont arrondies. L'insecte parfait commence à éclore vers le 11 juillet et continue à paraître jusque dans les premiers jours d'août.

Il est classé dans l'ordre des Diptères, la famille des Athéricères, la tribu des Muscides, la sous-tribu des Téphritides et le genre *Tephritis*. Son nom entomologique est *Tephritis onopordinis*, et son nom vulgaire Mouche du Panais, Mouche de l'Angélique, *Téphrite de l'Onoporte*.

59. *Tephritis onopordinis*, Fall. — Longueur 5-6 millim. Elle est d'un brun-verdâtre glacé de fauve; la face est testacée, à reflet blanchâtre et vertex brun; les antennes sont testacées; les yeux sont d'un vert-doré changeant; le thorax est brun-verdâtre, avec une raie sous-alaire blanchâtre; l'écusson est blanchâtre; l'abdomen est d'un brun verdâtre, terminé par une tarière noire, courte, large, déprimée; les pattes et le dessous sont d'un testacé-verdâtre; les ailes sont noirâtres, lavées de brun à la base, marquées de deux taches hyalines à la côte, dont la deuxième grande, triangulaire; trois le long du bord intérieur : la première à la pointe de l'aile en triangle curviligne étroit, la deuxième en triangle curviligne très grand, la troisième très grande à l'angle

interne, coupée par une petite tache brune; et deux taches centrales, dont une ponctiforme, et quelquefois une seule tache centrale. Les cuillerons et les balanciers sont pâles.

Le mâle est semblable à la femelle; il est un peu plus petit et n'a pas de tarière.

C'est à l'aide de sa tarière écailleuse que la femelle perce la membrane de la feuille dans laquelle elle veut déposer ses œufs, les laissant dans le parenchyme. Les petites larves, immédiatement après leur naissance, s'introduisent entre les deux membranes et commencent à miner.

60. — La Mouche du Bluet.

(Urophora quarta fasciata, Macq.)

Le Bluet (*Centaurea cyanus*) est une plante très commune dans nos campagnes, dont la fleur, d'un beau bleu, pare nos moissons et orne nos champs pendant la belle saison. On la voit aussi dans nos jardins, mais elle s'y plaît moins et disparaît au bout de quelques années, parce que la plante est annuelle et qu'elle doit être semée tous les ans. Il est probable que si elle était moins commune, elle serait plus recherchée et plus estimée, et qu'elle tiendrait une bonne place dans les parterres. Autrefois, on lui attribuait des propriétés médicinales, et l'ont voit encore aujourd'hui quelques personnes laver leurs yeux avec une infusion de ses fleurs lorsqu'elles sont atteintes de maux d'yeux, particulièrement de l'inflammation de cet organe.

On remarque assez fréquemment que la fleur du Bluet se développe mal, qu'elle est irrégulière, plus ou moins avortée; dans ce cas, elle est ordinairement attaquée par un insecte. Le cœur ou réceptacle de la fleur est charnu et fournit la nourriture aux larves d'une espèce de mouche. La femelle pond ses œufs dans la fleur nouvellement ouverte au moyen d'un long oviscapte qu'elle porte à l'extrémité de l'abdomen, et les place à la base des fleurons. Les petites larves qui en sortent se mettent aussitôt à ronger autour d'elles la substance charnue du réceptacle, ce qui occasionne une affluence de sève et forme une petite cellule à chacune, une sorte de tuyau non fermé par le haut. Elles se tiennent constamment dans cette habitation, la tête en bas, plongée dans leur nourriture, jusqu'à ce qu'elles aient pris toute leur croissance, ce qui a lieu vers le 15 juillet. Alors elles se retournent bout pour bout, de manière à avoir la tête en haut et le derrière en bas, ce qui doit être une opération assez pénible, puisque la larve remplit exactement son tuyau, après quoi elles se changent en pupes.

La larve du Bluet parvenue à toute sa taille a 3 millim. de longueur environ sur un peu moins de 2 millim. de diamètre. Elle est cylindrico-conique, de couleur blanchâtre, luisante, formée de onze segments peu distincts, glabre et apode ; le petit bout, qui comprend la tête molle, conique, rétractile, laisse voir la pointe noirâtre du crochet buccal qui sert à piocher, à déchirer ses aliments. L'extrémité opposée au gros bout présente un disque noirâtre, d'apparence sub-écailleuse, sur lequel on distingue deux petits tubercules symétriquement placés vers la région supérieure et un troisième tubercule, moins apparent que les précédents, à la région inférieure, qui paraît être l'anus. Lorsque la larve est placée dans son tuyau la tête en bas et le derrière en haut, ses stigmates, qui s'ouvrent dans les deux tubercules, sont en contact avec l'air et elle respire librement, et de plus elle se débarrasse facilement de ses déjections.

La pupe a la forme et la couleur de la larve contractée ; on ne voit plus la tête ni le crochet buccal, mais le disque noir existe comme auparavant. L'insecte parfait commence à prendre son essor vers le 5 août. Toute la génération ne se transforme pas pendant ce mois, il en reste une partie en réserve, qui passe l'hiver à l'état de pupe et ne prend son essor qu'au printemps suivant.

Cette Mouche fait partie de la famille des Athéricères, de la tribu des Muscides, de la sous-tribu des Téphritides et du genre *Urophora*. Son nom entomologique est *Urophora quarta fasciata*, et son nom vulgaire *Urophore à quatre bandes*, *Mouche du Bluet*.

60. *Urophora quartafasciata*, Macq.— *Mâle*. Longueur, 2 1/2 millim. La face est jaunâtre ; le sommet de la tête est de couleur orange ainsi que les antennes, dont le troisième article porte un style noir ; le thorax et l'abdomen sont noirs, le premier présente deux raies jaunes en avant des ailes ; les pattes sont jaunâtres, avec les cuisses noires ; les antérieures et les intermédiaires sont jaunâtres en dedans ; les ailes sont hyalines, marquées de quatre bandes noires ; les deuxième et troisième séparées, parallèles, transversales ; les première et deuxième réunies au bord extérieur, ainsi que les troisième et quatrième ; l'écusson est jaune.

Femelle. Longueur, 3 millim., avec la tarière 4 1/2 millim. Elle est semblable au mâle ; mais les cuisses postérieures sont entièrement noires ; la tarière ou oviscapte est noire.

La Mouche du Bluet est exposée aux atteintes de plusieurs parasites, qui s'opposent à sa trop grande multiplication et protègent la fleur de cette plante, qui serait exposée à disparaître, sans leur concours. Le premier est un Chalcidite, dont la femelle introduit un de ses œufs dans la cellule occupée par la larve de cette Mouche. Le ver qui en sort s'attache à cette larve, la suce et finit par la manger tout entière ; après quoi il se change en chrysalide et ensuite en insecte parfait, qui prend son essor du 15 au 26 juin. Ce parasite appartient au genre *Eurytoma* et à l'espèce appelée *Eurytoma serratulæ*.

Eurytoma serratulæ, N. d. E. — *Femelle*. Longueur, 2 1/2 millim. Les antennes sont filiformes, noires, de dix articles, dont les trois derniers sont soudés ensemble et forment une massue ; la tête et le thorax sont noirs, fortement ponctués ; l'abdomen est noir, lisse, luisant, comprimé, de la longueur du thorax, à pédicule très court, terminé par une petite queue pointue, relevée; les pattes sont noires, avec les articulations d'un fauve-pâle; les ailes sont hyalines, à nervure noire.

Mâle. Longueur, 2 millim. Il est semblable à la femelle, mais les antennes filiformes de dix articles ont les cinq articles intermédiaires noueux, pédicellés et verticellés, et les trois derniers soudés ensemble; l'abdomen est petit, non comprimé, à pédicule notablement long, et il s'élève brusquement au-dessus du pédicule.

La tarière de la femelle est longue, roulée en spirale et cachée dans l'abdomen pendant le repos; son extrémité est placée entre les deux petites valves qui forment la queue de cette femelle.

Un deuxième parasite de la Mouche du Bluet se montre dans les premiers jours de septembre. Sa larve se tient dans la cellule occupée par celle de la Mouche et se place sur le corps de cette dernière, qu'elle suce d'abord et qu'elle dévore ensuite; après quoi elle se change en chrysalide à nu dans la cellule qu'elle a usurpée. Cette larve est ovée-conique, blanche, molle, glabre, apode, formée de treize segments, sans compter la tête qui est ronde et armée de deux mandibules. Elle porte des soies sous les premiers segments de son corps. La chrysalide de la femelle présente la tarière couchée sur le dos.

L'insecte parfait est un Chalcidite du genre *Callimome*, se rapportant au *Torymus nigricornis*, N. d. E.

Callimome nigricornis, Spin. — *Femelle.* Longueur, 3 millim., avec la tarière 6 1/2 millim. Elle est d'un vert-doré-brillant; les antennes sont noires, filiformes, composées de treize articles : le premier long et jaune en dessous, les suivants serrés les uns contre les autres et les trois derniers soudés ensemble; la tête et le corselet sont finement ponctués, d'un vert-doré-brillant; l'abdomen est ovale, sub-sessile, lisse, luisant, d'un vert-bleuâtre; les hanches et les cuisses sont vertes ; les tibias sont blanchâtres ; les postérieurs sont noirâtres au milieu ; les tarses sont blanchâtres, avec les crochets noirs ; les ailes sont hyalines, à nervure pâle ; la tarière est noire, un peu plus longue que le corps.

—

61. — La Notiphile jaunâtre.

(NOTIPHILA FLAVEOLA, Meig.)

La grande Capucine est une plante originaire du Pérou, qui a été introduite en Europe en 1684. Quoique exotique, elle a trouvé plusieurs de nos insectes qui s'en accommodent très bien, tels que l'Altise à pattes noires (*Phyllotreta nigripes*, Panz., *Phillotreta Lepidii*, Ill.), le petit Papillon du chou (*Pieris brassicæ*), la Phytomyze géniculée (*Phytomysa geniculata*). Les deux premiers rongent ses feuilles et la troisième les mine. Il faut leur adjoindre la Notiphile jaunâtre, petite Mouche dont la larve vit aussi en mineuse dans les grandes feuilles de la Capucine. Cette larve s'établit ordinairement au centre, au point d'où partent les nervures, et se loge sous l'épiderme supérieur. Elle ronge le parenchyme tout autour d'elle et agrandit son habitation jusqu'à ce qu'elle ait pris toute la nourriture nécessaire à son accroissement, ce qui produit une vaste galerie et une grande tache blanchâtre sur la surface supérieure de la feuille ; puis elle se fixe solidement contre la membrane inférieure de cette dernière et se change aussitôt en pupe. Il y a quelquefois deux ou trois larves dans la même galerie travaillant conjointement à l'agrandir.

On trouve ces larves occupées à ronger les feuilles pendant le mois de juin et pendant celui d'octobre, ce qui annonce que la Mouche a deux générations chaque année. Elles sont parvenues à toute leur taille et se changent en chrysalides vers le 22 juin et le 25 octobre. Elles sont semblables pour la forme aux larves des Mouches ; elles ont 3 à 4 millim. de longueur ; elles sont ovéconiques, blanches, molles, glabres, apodes, formées de onze segments, sans compter la tête qui est conique, rétractile, armée d'un double crochet noir, menu comme un cheveu, avec lequel elles piochent le parenchyme de la feuille et le portent dans leur bouche. Le dernier segment du corps se termine par un appendice court, bifide, auquel aboutissent les deux vaisseaux trachées, et par deux mamelons inférieurs qui font l'office de pattes. La pupe a 1 1/2 millim. de longueur ; elle a la forme d'un petit barillet ayant deux pointes très courtes à chaque bout. Les insectes parfaits éclosent entre le 3 et le 18 juillet. Les pupes de l'automne ne se transforment probablement qu'au printemps suivant.

La Mouche est classée dans la famille des Athéricères, la tribu des Muscides, la sous-tribu des Hydromyzides et dans le genre *Notiphila*. Son nom entomologique est *Notiphila flaveola*, Meig., et son nom vulgaire *Notiphile jaunâtre*.

61. *Notiphila flaveola*, Meig. — Longueur, 2 millim. Elle est d'un jaune-paille uni ; les antennes sont jaunes ; le deuxième article est épais, terminé par une soie noire ; le troisième est ovale, incliné, surmonté d'un style noir garni de cinq ou six poils d'un seul côté ; la face et le tour des yeux sont blanchâtres ; les yeux sont rouges (vivants), bruns (morts) ; le vertex est brunâtre ; l'abdomen est déprimé, oblong, de la longueur du thorax, formé de cinq segments ; les soies du vertex et du thorax sont jaunes ; les ailes sont hyalines, lavées de jaune, à nervures jaunes ; les deux nervures transversales sont éloignées, elles dépassent notablement l'abdomen ; les pattes sont d'un jaune-blanchâtre.

Je n'ai pas obtenu les parasites de cette espèce qui ne m'a pas paru aussi commune que la Phytomyze géniculée, *Phytomysa geniculata*.

Mâle. Il est semblable à la femelle, mais d'un vert-bleuâtre ; le premier article des antennes est noir et l'abdomen est ovale, sans tarière.

Un troisième parasite de la même Mouche se montre dans le mois de juin et aussi dans le mois d'août. Je ne connais ni sa larve ni sa chrysalide. Je suppose que la première vit dans le corps de la larve de l'*Urophora quarta fasciata,* et qu'après l'avoir dévorée, elle se métamorphose dans la cellule de cette dernière. Ce parasite est un Chalcidite, comme les deux précédents, mais il appartient au genre *Pteromalus* et me paraît se rapporter au *Pteromalus tibialis*, N. d. E.

Pteromalus tibialis, N. d. E. — *Femelle.* Longueur, 3 1/2 millim. Elle est d'un vert sombre ; les antennes sont filiformes, noires, composées de douze articles : le premier long et vert, le troisième très petit, les trois derniers soudés ensemble, tous ceux de la tige serrés les uns contre les autres ; la tête et le thorax sont fortement ponctués, d'un vert-sombre ; l'abdomen est subpédiculé, ové-conique, terminé en pointe, anguleux en dessous, aussi long que la tête et le thorax réunis, d'un vert-luisant, avec quelques reflets cuivreux ; les hanches et les cuisses sont vertes ; l'extrémité de ces dernières est fauve ; les tibias antérieurs et moyens sont fauve-pâle, les postérieurs sont noirs, avec la base et l'extrémité fauve-pâle ; les tarses sont pâles, à extrémité noire ; les ailes sont hyalines et atteignent l'extrémité de l'abdomen ; la nervure sous-costale et le rameau stigmatique sont noirs.

Mâle. Longueur, 3 millim. Il est semblable à la femelle, mais l'abdomen est plat en dessous et arrondi à l'extrémité.

Un quatrième parasite de la Mouche du Bluet prend son essor vers la mi-juin. Il sort des pupes de ce petit diptère, au nombre de cinq ou six individus d'une seule pupe. Les larves dont il provient vivent en commun dans celle de la Mouche, et lorsqu'on les retire d'une pupe, elles se tiennent en paquet et sont comme collées ensemble, et on a quelque peine à les séparer. Je ne les ai pas examinées en détail et je ne peux en donner la description. L'insecte qu'elles produisent est très vif ; il saute et vole avec une extrême rapidité, et l'œil a de la peine à le suivre. Il appartient à la tribu des Chalcidites et au genre *Eulophus*, N. d. E., lequel a été partagé en plusieurs autres. Il se range maintenant dans celui d'*Entedon*. Il me paraît se rapprocher de l'*Eulophus flavo-varius*, N. d. E., ou de l'une de ses variétés, sans cependant se confondre avec elles. Je l'appellerai :

Entedon flavo-cinctus, G. — *Femelle*. Longueur, 3 millim. Il est jaune, varié de noir; la tête est jaune, avec une tache noire sur le vertex ; les antennes sont noirâtres, de sept articles, dont le premier, long, est inséré au bas de la face, et les deux derniers, soudés ensemble, forment une petite massue; les yeux sont noirs; le thorax est jaune, marqué d'une tache bifide sur le dos du mésothorax, d'un point à l'origine des ailes, d'une tache sur le post-écusson, noirs ; la poitrine est noire ; l'abdomen est jaune, portant une bande noire sur chaque segment, élargie sur le dos et noire en dessous ; les pattes sont jaunes, avec une tache noire à l'origine des cuisses postérieures ; les tarses sont jaunes et leurs crochets noirs ; les ailes sont hyalines.

Je n'ai vu que la femelle de cette espèce, qui se reconnaît à son abdomen ové-conique terminé en pointe.

Les parasites ont une grande facilité pour introduire leurs œufs, soit dans la cellule occupée par la larve de l'*Urophora quarta fasciata*, soit dans la larve elle-même, parce que cette cellule est ouverte par le haut et qu'ils sont munis d'une tarière notablement longue, apparente ou cachée dans leur abdomen, avec laquelle ils atteignent cette cellule sans aucune difficulté.

—

62. — **Phytomyze géniculée.**

(PHYTOMYZA GENICULATA, Macq.)

La Phytomyze géniculée est une petite mouche que l'on rencontre fréquemment dans les jardins. Par elle-même elle ne nous porte aucun préjudice, mais à l'état de larve elle endommage les feuilles de quelques plantes d'agrément ou d'utilité que l'on cultive dans les parterres et dans les jardins. Sans produire un dégât bien important, elle mérite cependant d'être signalée, ne serait-ce que pour faire connaître la cause de ce dégât et pour satisfaire la curiosité.

Cette larve vit en mineuse dans l'intérieur des feuilles de la Giroflée (*Cheiranthus Cheiri*), de la Capucine (*Tropœolum majus*), du Pavot (*Papaver somniferum*) et probablement de quelques autres plantes. Celles que l'on vient de nommer sont l'ornement de nos jardins, et la Capucine, appelée aussi Cresson du Pérou, outre la beauté de ses fleurs sur pied, nous fournit un assaisonnement pour nos salades, qu'elle couronne et embellit de ces mêmes fleurs. Ses fruits confits au vinaigre remplacent les cornichons. On peut donc considérer la grande Capucine comme une plante d'ornement et d'utilité, et sous ce point de vue, tout ce qui peut lui nuire mérite d'être connu.

La larve de la Phytomyze géniculée vit en mineuse, comme on vient de le dire, dans l'épaisseur des feuilles de plusieurs plantes différentes. Elle y trace, sous l'épiderme supérieur, des galeries filiformes, pliées et contournées de la manière la plus capricieuse; ces galeries s'élargissent insensiblement à mesure que la larve croît, et elles s'arrêtent au point où elle est parvenue à toute sa taille. On peut les voir dans le mois de juin et le commencement de juillet sous la forme de lignes blanches, continues, contournées, offrant quelquefois un dessin très compliqué. Lorsque la larve a pris toute sa grandeur, elle traverse le parenchyme et se fixe sur la surface inférieure; elle se change aussitôt en pupe, d'où la mouche sort au bout de peu de jours. Je l'ai obtenue : le 1er juillet, de larves mineuses de la Giroflée des jardins; le 5 juillet, de larves mineuses du Crambé ou Chou marin; le 13 juillet, de larves mineuses de la grande Capucine, et le 2 août, de larves mineuses du Pavot des jardins.

La larve de cette mouche ne vit pas toujours seule dans la feuille qu'elle occupe ; on y en voit quelquefois quatre ou cinq et même un plus grand nombre, selon que cette feuille est plus étendue. Celles de la Capucine servent d'habitation à une troupe assez nombreuse. Toutes ces larves se tiennent chacune dans leur galerie, sans chercher à pénétrer dans une autre, mais ces galeries se croisent de cent manières, en sorte qu'il n'est pas facile de suivre l'une d'elles dans toute son étendue.

La larve, parvenue à toute sa croissance, a 3 à 4 millim. de longueur. Elle ressemble à toutes celles des Muscies. Elle est ové-conique, terminée en pointe du côté de la tête, blanche, molle, glabre, apode, formée de onze segments sans compter la tête qui est molle, triangulaire et armée d'un petit crochet noirâtre, menu comme un cheveu, avec lequel elle pioche sa nourriture et la porte dans sa bouche. Elle respire par deux stigmates antérieurs placés au bord dorsal du premier segment et deux stigmates postérieurs situés à l'extrémité du dernier segment ; les premiers sont peu apparents, les derniers sont très visibles et se présentent sous la forme de deux petits tubercules. La pupe est longue de 2 millim., blanchâtre, en forme de barillet segmenté, et on peut voir à l'extrémité antérieure les crochets de la bouche fixés sur la peau de la pupe.

La Mouche est classée dans la famille des Athéricères, dans la tribu des Muscides, dans la sous-tribu des Hétéromyzides et dans le genre *Phytomyza*. Son nom entomologiqué est *Phytomyza geniculata*, et son nom vulgaire *Phytomyze géniculée.*

62. *Phytomyza geniculata,* Macq. — *Mâle.* Longueur, 1 1/2 millim. (ailes non comprises). La face et le front sont d'un blanc-jaunâtre, le vertex est marqué d'un point noir ; les antennes sont noires, ne descendant pas jusqu'à l'épistome, ayant le troisième article ovale, surmonté d'un style nu ; les yeux sont rougeâtres (vivant) ; le thorax est noir-cendré, de la largeur de la tête ;

l'abdomen est ovoïde, de la longueur et de la largeur du thorax, noir-cendré, formé de six segments ayant le bord blanc; les pattes sont noires, avec les genoux blancs; les ailes sont hyalines, à nervures pâles et base blanchâtre; les balanciers sont blancs.

Femelle. Elle est semblable au mâle, mais son abdomen est terminé par une tarière écailleuse, luisante, déprimée. Les ailes ne présentent qu'une seule nervure transversale; le liseré blanc que l'on voit au bord des segments de l'abdomen lorsque l'insecte vient d'éclore, disparaît lorsqu'il est raffermi et surtout lorsqu'il est mort et desséché.

La larve de la Phytomyze géniculée est la proie de deux parasites dont les larves la dévorent intérieurement. La première de ces larves, après avoir consommé en entier la substance de celle de la mouche, se file un cocon ovalaire, allongé, dans la galerie de cette dernière, d'où l'insecte parfait sort vers le 23 juillet.

Il est classé dans la tribu des Ichneumoniens, la sous-tribu des Braconites et dans le genre *Dacnusa*, formé de la cinquième section du genre *Alysia* de Nées d'Esembeck. Je lui ai donné le nom provisoire de *Dacnusa lysias*.

Dacnusa lysias, G. — Longueur 2 millim. Il est noir, luisant; les antennes sont grêles, plus longues que le corps, courbées ou enroulées à l'extrémité, de couleur noire; la tête est noire, arrondie en devant, un peu échancrée en arrière; les mandibules sont fauves; le thorax est ovalaire et noir, de la largeur de la tête; l'abdomen est ovalaire, subpédiculé, de la longueur et de la largeur du thorax, noir; les pattes sont d'un fauve-pâle un peu brun; les ailes sont hyalines, dépassant beaucoup l'abdomen, à nervures et stigma grisâtres; ce dernier est linéaire, très allongé; la cellule radiale est lancéolée et fermée un peu au-delà du stigma et avant le bout de l'aile; la première cellule cubitale est subcarrée; la deuxième atteint le bout de l'aile; la nervure récurrente est interstitiale.

Le deuxième parasite de cette Mouche est un petit Chalcidite du genre *Entedon*, qui sort des galeries creusées par les larves vers le 25 juillet, et auquel j'ai donné le nom d'*Entedon tolis*.

Entedon tolis, G. — Longueur, 1 1/2 millim. Il est d'un vert-doré-brillant ; les antennes sont noires, formées de sept articles ; le premier long, inséré au bas de la face, les quatre suivants petits, les deux derniers plus gros, soudés ensemble, formant une massue ovalaire ; la tête est verte ; le thorax est ovalaire, de la largeur de la tête, d'un vert-brillant ; l'abdomen est lisse, de la même couleur, de la longueur et de la largeur du thorax, subpédiculé, terminé en pointe obtuse ; les pattes sont vertes, avec l'extrémité des cuisses, la base et l'extrémité des tibias blanchâtres ; les tarses sont blanchâtres, terminés par des crochets noirs ; les ailes sont hyalines et dépassent l'extrémité de l'abdomen.

—

63. — La Mite tisserande.

(TROMBIDIUM TELARIUM, Herm.)

Les jardiniers donnent le nom de *Grise* à une maladie qui atteint quelquefois les feuilles des plantes et des arbustes que l'on cultive en serre ou à l'air libre. Elle est produite par un très petit animal qui faisait autrefois partie de la classe des insectes, mais que Latreille et les zoologistes modernes en ont séparé pour le placer dans celle des Arachnides, dans la famille des Holètres, dans la tribu des Acarides et dans le genre *Trombidium*. Cette petite mite se tient sous les feuilles et couvre cette surface d'une toile de soie formée de fils très fins et parallèles qui leur nuisent beaucoup.

« Les feuilles atteintes de la *Grise*, dit M. le Dr Boisduval, ont un aspect languissant ; elles sont jaunâtres ou grisâtrées en dessus, avec quelques espaces d'une teinte plus claire formant des espèces de marbrures; leurs rebords sont légèrement repliés et comme un peu roulés en dessous; leur face inférieure est blanchâtre et un peu luisante. Si dans cet état on examine au microscope le dessous d'une feuille, on y découvre des centaines d'*Acarus* à tous les âges, ainsi que des œufs collés sur la toile ourdie sur cette organe. »

Selon Linné, cet *Acarus* se porte sur les plantes qui n'ont pas assez d'air, comme celles que l'on cultive dans les serres. On l'a trouvé sur des œillets cultivés en pots et placés sur une fenêtre donnant sur une cour peu aérée, ce qui semble indiquer qu'il envahit les plantes malades ou languissantes; mais il n'est pas encore certain qu'il n'attaque pas celles qui sont saines et vigoureuses.

M. Boisduval a remarqué des feuilles de Dahlia, de *Convolvulus volubilis* et de haricots qui étaient envahies par un acarien qu'il considère comme appartenant à cette espèce, sans toutefois le garantir d'une manière absolue.

Ce petit animal naît d'un œuf et grandit sans subir de métamorphoses, mais en changeant plusieurs fois de peau pendant le temps de sa croissance, changements après lesquels il conserve sa forme primitive. Son industrie lui a fait donner par Linné le nom de *Telarius* (*tisserand*); il l'appelait *Acarus telarius.* On l'a placé ensuite dans le genre *Trombidium* et dans celui de *Tetranychus*, qui en est un démembrement.

62. *Trombidium* (*Tetranychus*) *telarium*, Herm. — Il est très petit, à peine visible à l'œil nu, de couleur jaunâtre; les palpes sont gros, courts, conoïdes, appliqués sur une lèvre triangulaire, formant une sorte de tête obtuse et bifurquée; le corps est ovalaire, plus étroit en arrière, un peu saillant en devant, quelquefois sinueux sur les flancs; la peau est garnie de poils rares et longs; on voit une tache jaune de chaque côté du dos; les pattes sont peu longues, au nombre de huit, garnies de poils; les antérieures sont un peu plus longues que les autres.

Il vit en société nombreuse, pique les feuilles avec son petit bec pour en extraire la sève dont il se nourrit. La soie est sécrétée par une papille conique située en dessous du corps, vers la partie postérieure, et les fils sont dirigés et rangés en ordre par les crochets des tarses.

On a proposé plusieurs moyens pour détruire la grise, mais aucun n'a parfaitement réussi. Les bassinages et les arrosages par jet ascendant, faits avec une décoction de tabac, pourraient réussir; mais si la présence de l'insecte tient à l'état maladif de la plante, ces remèdes ne la guériront pas; ils tueront l'insecte qui reparaîtra bientôt après. Il faut commencer par guérir la plante, et on parviendra ensuite facilement à la délivrer de ses parasites.

TABLE

DES INSECTES DESTRUCTEURS ET PROTECTEURS.

—

§ 1er. — Arbustes.

BUIS.

DESTRUCTEURS.	PROTECTEURS.
Psylle du buis, Psylla buxi.	

CHÈVREFEUILLE.

DESTRUCTEURS.	PROTECTEURS.
Cantharide, Cantharis vesicatoria.	
Mouche-a-scie du chèvrefeuille, Tenthredo loniceræ.	
Papillon camille, Limenitis camilla.	
Ptérophore en éventail, Orneodes hexadactylus.	Chelonus retusus.
Puceron du chèvrefeuille, Aphis xylostei.	
Saperde pupillée, Saperda pupillata.	

CLÈMATITE.

DESTRUCTEURS.	PROTECTEURS.
Rongeur de la clématite, Bostrichus bi-spinus.	Lamophæus clematidis.

FUSAIN.

DESTRUCTEURS.	PROTECTEURS.
Gallinsecte du fusain, Lecanium Evonymi.	Encyrtus cyanifrons, punctipes, lunatus
Puceron du fusain, Aphis Evonymi.	Leucopis tibialis; Campoplex albidus.
Yponomeute du fusain, Yponomeuta evonymella.	

GENÊT D'ESPAGNE.

DESTRUCTEURS.	PROTECTEURS.
Puceron du genêt d'Espagne, Aphis laburni.	

LAURIER-ROSE.

DESTRUCTEURS.	PROTECTEURS.
Gallinsecte du laurier-rose, Aspidiotus nerii.	

LILAS.

DESTRUCTEURS.	PROTECTEURS.
CANTHARIDE, Cantharis vesicatoria.	
TEIGNE DU LILAS, Graciliaria syringella.	
TORDEUSE CONGÉNÈRE, Tortrix congenerana.	

ORANGER.

DESTRUCTEURS.	PROTECTEURS.
GALLINSECTE DE L'ORANGER, Lecanium hesperidum.	

ROSIER.

DESTRUCTEURS.	PROTECTEURS.
CÉTOINE DORÉE, Cetonia aurata.	
— STICTIQUE, Cetonia stictica.	
— VELUE, Cetonia hirta.	
CICADELLE DU ROSIER, Thyphlocyba rosæ.	
GALLINSECTE DU ROSIER, Aspidiotus rosæ.	
HANNETON COMMUN, Melolontha vulgaris.	
— A CORSELET VERT, Anisoplia horticola.	
— ÉCAILLEUX, Oplia squamosa.	
MOUCHE-A-SCIE DE LA CENT-FEUILLE, Athalia centifoliæ.	
— A CEINTURE, Emphytus cinctus.	
— A CEINTURE ROUSSE, Emphytus rufo-cinctus.	
— DE LA ROSE, Athalia rosæ.	
— DU ROSIER, Hylotoma rosæ.	
— DIFFORME, Cladius difformis.	
— VILLAGEOISE, Hylotoma pagana.	Scolobates crassicornis.
PTÉROPHORE RHODODACTYLE, Pterophorus rhododactylus.	Bracon variegator; Microgaster perspicuus.
PTÉROPHORE DU LISERON (Pterophorus didactylus); Microgaster sessilis.	
PUCERON DU ROSIER, Aphis rosæ.	Aphidius; Cemonus; Ceraphron; Coccinella; Hemerobius; Pemphredon; Syrphusa;
TORDEUSE DE L'ÉGLANTIER, Aspidia cynosbana; Pimpla scanica.	
— DE FORSKAEL, Argyrotoza Forskælana.	

DESTRUCTEURS.	PROTECTEURS.
TORDEUSE DE BERGMANN, Argyrotoza Bergmanniana.	
— DE HOFFMANSEGG, Argyrotoza Hoffmanseggana.	
— HÉPATIQUE, Tortrix heparana.	
— OCELLÉE, Penthina ocellana.	
TRICHIE FASCIÉE, Trichius fasciatus.	
— NOBLE, Trichius nobilis.	

§ 2. — Plantes.

ANGÉLIQUE.

MINEUSE DE L'ANGÉLIQUE, Tephritis onopordinis.	

BLUET.

MOUCHE DU BLUET, Urophora 4-fasciata.	Callimome nigricornis ; Entedon flavocinctus; Eurytoma serratulæ; Pteromalus tibialis.

CAPUCINE.

ALTISE PIED NOIR, Altica nigripes.	
NOTIPHILE JAUNATRE, Notiphila flaveola.	
PAPILLON (Pt) DU CHOU, Pierris brassicæ.	Doria concinnata; Phryxe pieridis.
PHYTOMYZE GÉNICULÉE, Phytomyza geniculata.	Dacnusa lysias; Entedon tolis.

DAHLIAS.

PERCE-OREILLE, Forficula auricularia.	
MITTE TISSERANDE, Trombidium telarium.	

GIROFLÉE.

PHYTOMYZE GÉNICULÉE, Phytomyza geniculata.	Dacnusa lysias; Entedon tolis.

LISERON.

PTÉROPHORE DU LISERON, Pterophorus didactylus.	Microgaster sessilis.

LYS.

CRIOCÈRE DU LYS, Crioceris merdigera.	Campoplex errabundus.

MAUVE.

DESTRUCTEURS.	PROTECTEURS.
APION DE LA MAUVE, Apion æneum. ALTISES DE LA MAUVE, Altica fulvipes, — fuscipes.	Sygalphus striatulus; Pteromalus larvarum.

ŒILLET.

CHARANÇON DE LA RENOUÉE, Phytonomus polygoni.
MITTE TISSERANDE, Trombidium telarium.
NOCTUELLE ANTIQUE, Xylina exoleta.
— PARÉE, Dianthætia compta.
PERCE-OREILLE, Forficula auricularia.
PUCERON DE L'OEILLET, Aphis dianthi.

ORPIN.

YPONOMEUTE DE L'ORPIN, Yponomeuta sedella.

PAVOT.

PHYTOMYZE GÉNICULÉE, Phytomyza geniculata.
PUCERON DU PAVOT, Aphis papaveris.

PIED-D'ALOUETTE.

NOCTUELLE DU PIED-D'ALOUETTE, Chariclea delphini.

RÉSÉDA.

PAPILLON (P[t]) DU CHOU, Pierris brassicæ.	Doria concinnata; Phryxe pieridis.

TANAISIE.

CÉCYDOMYIE DE LA TANAISIE, Cecydomyia Tanaceti.

TABLE DES MATIÈRES.

AUXERRE, IMPRIMERIE DE G. PERRIQUET, RUE DE PARIS, 31.